EWALD KOEPKE

DER GEIST DER FREIHEIT UND DER LIEBE

EWALD KOEPKE

Der Geist der Freiheit und der Liebe

Der Mensch als zehnte Hierarchie

VERLAG FREIES GEISTESLEBEN

1. Auflage 2016

Verlag Freies Geistesleben
Landhausstraße 82, 70190 Stuttgart
Internet: www.geistesleben.com

ISBN 978-3-7725-2810-1

INHALT

Eine völlig neue Mission hat der Mensch in der Welt zu erfüllen ...
Und als ein freier Helfer ist ihm der Christus in der Welt erstanden,
nicht als ein Gott, der von oben wirkt, sondern als ein Erstgeborener
unter vielen.[1]

Rudolf Steiner

Vorwort

Aischylos, Sophokles und Euripides wussten: Viel Ungeheures gibt es in der Welt, nichts aber ist so ungeheuerlich wie der Mensch. Mehr als zwei Jahrtausende später ergänzte Rudolf Steiner diese abgründige Wahrheit mit der komplementären Erkenntnis: «Der Mensch ist Götter-Ideal und Götter-Ziel.»[2]

Wer die Augen nicht verschließt vor den Schrecknissen auch nur der ersten Hälfte des 20. Jahrhunderts, vor der nie zuvor dagewesenen, absurden Vernichtungswut des Ersten Weltkriegs, dem ideologischen Größen- und Rassenwahn des Dritten Reiches, dem menschenverachtenden, pseudo-messianischen Bolschewismus und den schauervollen Millionen von Toten, der gewahrt keine Götterideale, keine Götterziele.

Als im Januar 2015 zum siebzigsten Mal auf die Befreiung von Auschwitz zurückgeblickt wurde, waren ergreifende Stimmen letzter Überlebender zu vernehmen, Stimmen der Versöhnung und der Liebe. Wie andererseits zu hören war: «Der Mensch ist eine schlimme Erfindung – *wir alle müssen uns vorsehen!*»[3] Und eine andere Zeugin jener Satanismen fasste ihr Bekenntnis in die Worte: «Gott hat dem Menschen den freien Willen gegeben. Wenn er alles bestimmen würde, gäbe es den freien Willen nicht. Auschwitz ist also keine Frage, die Gott betrifft, sondern den Menschen.»[4] Tief beunruhigt fügte die Achtzigjährige hinzu, die Menschheit aber habe seither nichts dazugelernt; nach wie vor geschehen auf der ganzen Erde die grausigsten Dinge.

Der bekannte Verhaltensforscher Konrad Lorenz hat hingebungsvoll das wundersam geordnete soziale Miteinander der Graugänse beobachtet, während er an der Menschheit verzweifelte, deren Todsünden[5] ihm bewusst machten, dass diese Spezies ein Irrläufer der Evolution zu sein scheint. Wie jeder Darwinist war Lorenz überzeugt, dass in der unbelebten wie in der belebten Welt ausschließlich physikalisch-chemische Kräfte herrschen. Für die unbezweifelbar stattfindende Evolution der Lebewesen bedarf es demgemäß keiner übernatürlichen Erklärung. Der Evolutions-Mechanismus beruht auf der Konkurrenz einzigartiger Individuen um die stets begrenzten Ressourcen. Hatte Aristoteles alles organische Entwicklungsgeschehen als zielgerichtet betrachtet, so widersprach jeder Finalismus Darwins Denken. Die biolgischen Arten entstehen zwar physikalisch gesetzmäßig, aber gleichzeitig rein zufällig. Selektion und Mutation beherrschen das evolutionäre Geschehen. Die Zukunft der Menschheit ist deshalb fraglich, weil sie dabei ist, sich selbst ihre Existenzgrundlagen zu untergraben. Da alles Naturgeschehen moralisch neutral ist, also auch alle Formen des Altruismus, der scheinbaren Selbstlosigkeit letztlich der Arterhaltung dienen, konnte bereits Thomas Henry Huxley 1888 bekunden, dass die Natur keine moralischen Zielsetzungen kennt. Bis heute hat sich an dieser Überzeugung nichts geändert. Ja, mehr denn je gelten die Proklamation der allgemeinen Menschenrechte und die Ideale der französischen Revolution als «naturfern». Ja, Freiheit, Gleichheit und Brüderlichkeit sind naturfeindliche Ideale: Die Natur ist außermoralisch.[6]

Bereits im 5. vorchristlichen Jahrhundert hatte der Sophist Kallikles, ein Oheim oder Vetter Platons, die Überzeugung vertreten, alle religiös-moralischen Forderungen seien raffinierte Erfindungen listiger Priester, um die Menschen in Angst zu versetzen vor allen möglichen Göttern, die es nie gegeben hat. «Es gab einmal eine Zeit,» so Kallikles, «da war das Leben der Menschen jeder moralischen Ordnung bar, ähnlich dem der Raubtiere, und es herrschte die rohe Gewalt. Damals wurden die Guten nicht belohnt und die Bösen nicht bestraft.»[7] Mit anderen Worten, gute oder böse Motive gab es überhaupt nicht, denn die ursprünglichen Naturkräfte, zu denen der von Priestern verführte Mensch zurückkehren muss, sind jenseits von gut und böse.

So unverfroren wie Kallikles würde ein Evolutionsbiologe unserer Tage seine Überzeugung nicht bekunden. Darwin zumal war außerordentlich vorsichtig, insbesondere aus Rücksichtnahme auf die tiefreligiösen Gefühle seiner Frau. In seiner Autobiographie, die vollständig erst 1958 herausgegeben wurde, beschreibt er, dass er nach und nach den Glauben an das Christentum verloren hatte. Auch war sich Darwin darüber im klaren, dass es keines Schöpfergottes bedurfte, indem sich die gesamte Evolution rein mechanisch erklären lässt.

Seitdem Kopernikus und Galilei den Menschen in ein messbares, zählbares und wägbares Universum versetzt haben, in dem sich kein göttlicher Urgrund auffinden lässt, entwickelte die Menschheit zunehmend ein Selbst-Bewusstsein, das wurzellos in einer gottleeren Welt schwebt. Und indem Darwin Newtons Überzeugung rückhaltlos teilte, dass die Welt ausschließlich durch mechanische Gesetze in Bewegung gehalten wird, sind alle moralischen Wertvorstellungen hinfällig, ist alles religiöse Erleben an der Wurzel gekappt. Gut und Böse sind Ethiknormen, die realitätslos außerhalb der Natur-Wirklichkeit verharren. Der Mensch ist das derzeit höchstentwickelte Tier. Tieren aber ist «kein moralisches Verhalten zuzuschreiben, sie handeln außermoralisch.»[8]

Im Lichte der neuzeitlichen Naturwissenschaft erscheint das Mysterium von Golgatha wie ein Märchen, ein mythischer Traum, der einer für immer versunkenen Welt angehört. Indem Rudolf Steiner die anthroposophische Geisteswissenschaft auf der spirituellen Erfahrung dieses Mittelpunkt-Mysteriums der Erden- und Menschheitsentwicklung begründete, konnte er im September 1922 sagen: «Unsere Welt ist in ihrem natürlichen Abglanz moralisch neutral. Aus unserer Welt wird eine künftige Welt entstehen, die in ihrem natürlichen Abglanz nicht moralisch neutral sein wird, sondern wo alles Moralische natürlich und alles Natürliche moralisch sein wird. Den Keim dazu trägt der Mensch durch seine moralischen Taten hinein in den Kosmos.»[9]

Die eherne Befehlsgewalt der Zehn Gebote allerdings kann nicht das Fundament der Zukunft sein. Ihr Lebensquell ist die Liebe, die ein Geschenk der Freiheit ist.

August 2015   *Ewald Koepke*

I

VOM WESEN DER FREIHEIT

Das moralische Übel kam in die Welt

Um für den Glauben an Gott, Freiheit und Unsterblichkeit Platz zu bekommen, hatte Kant in seiner 1781 erschienenen *Kritik der reinen Vernunft* dargestellt, warum der Mensch mit seinem Denken die räumlich-zeitliche Welt nicht verlassen kann, die Gottheit wie die Freiheit und die Unsterblichkeit des Menschen aber der übersinnlichen Welt angehören. Mittels der Vernunft lässt sich ebenso beweisen, dass die Welt einen Anfang hat, wie die Behauptung belegen, dass sie weder räumlich noch zeitlich einen Anfang haben kann. Mit einem Wort, das reine Denken ist außerstande, in das wesenhafte Sein vorzudringen. Weshalb der Mensch sein Heil im Glauben suchen muss, um seines seelisch-geistigen Wesens nicht verlustig zu gehen, seine moralische Existenz nicht selbst zu untergraben. Und so ist Kant im weiteren Verlauf seines philosophischen Ringens bestrebt, die Gottbezogenheit des freien moralischen Handelns vor der zersetzenden Wirkung der reinen Vernunft zu bewahren. Die unsterbliche Seele des Menschen wollte Kant retten – durch eine Revolution nicht etwa des Denkens, sondern der *moralischen Gesinnung*. «Was der Mensch im moralischen Sinne ist oder werden soll, gut oder böse, dazu muss er sich selbst machen oder gemacht haben. Beides muss eine Wirkung seiner freien Willkür sein; denn sonst könnte es ihm nicht zugerechnet werden, folglich er weder moralisch gut oder böse sein.» [10]

Mit seiner reinen Vernunft, mit seinem Denken sieht sich Kant aus der göttlichen Welt herausgelöst, aus dem Garten Eden vertrieben, und er hat alle Hoffnung begraben, mittels seiner Vernunft den Heimweg antreten zu können. Die Frucht vom Baum der Erkenntnis war vergiftet. Zwar wusste der Mensch seither – und das war das Geschenk der Schlange –, was gut und böse und was der Tod ist. Auch kann er sich *wie* Gott fühlen. Aber er hat dafür den Preis gezahlt, aus der göttlich-geistigen Welt als vernunftbegabtes Wesen vertrieben zu sein.

Zwar machte Kant sich diesen biblischen Hintergrund des Verhängnisses nicht voll bewusst. Vielmehr erlebte er nur, dass unser Denken vom Einzelnen zum Ganzen (diskursiv) fortschreiten kann, nirgendwo jedoch vom Ganzen zu den Teilen (intuitiv) zu gelangen vermag. Weshalb der Mensch nur Mechanismen erfassen kann. Die Welt des Organischen zu verstehen, ist uns für immer versagt. Bei den überaus wunderbaren Erscheinungen organischer Geschöpfe, so erkennt Kant, ist «alles Zweck und wechselseitig auch Mittel».[11] Woraus er ableitet, dass es eine Weltvernunft gibt, die alles Naturgeschehen urschöpferisch belebt und durchdringt. Zwar, so meint er weiter, vermögen wir uns diesen *intellectus archetypus* denkend vorzustellen; können aber an seinem schöpferischen Tun nicht teilhaben. In unserem *moralischen Willenszentrum* hingegen vermögen wir «eine Revolution der Gesinnung» zu erfahren, eine «Wiedergeburt gleich wie durch eine neue Schöpfung» im Sinne des Johannesevangeliums, wo Jesus zu Nikodemus sagt: «Es sei denn, dass jemand von neuem geboren werde, so kann er das Reich Gottes nicht sehen.» Der Mensch muss «aus dem Geist geboren» werden, um den Heimweg antreten zu können. Weshalb Kant Paulus zitiert, der den Menschen auffordert, «einen neuen Menschen» anzuziehen. Ja, Kant ist überzeugt, auf diesem Wege eine «Umwandlung der Denkungsart» bewirken zu können. Dieses «Gefühl seiner moralischen Bestimmung»[12] vermag der Mensch zu entfalten. Die Umwandlung der Denkungsart bewirkt demnach nicht etwa eine grundlegende Umgestaltung des Denkens, der reinen Vernunft: diese bleibt ewig verbannt aus der Geisteswelt. Aber der in Gefühlen lebende, gläubige Mensch vermag den Rückweg anzutreten in die Welt, der er entstammt.

Bereits aus diesen wenigen andeutenden Gedanken wird die ganze Tragik des Kantschen Denkens erahnbar. Sah sich Kant als Philosoph genötigt, die unverwandelte Vernunft preiszugeben, um das moralische Gefühlserlebnis Gottes, der Freiheit und Unsterblichkeit des Menschen zu retten, so plante er dennoch, den Weg der moralischen Rettung der Menschenseele im weiteren Verlauf seines philosophischen Schaffens aufzuzeigen. Muss doch, sagte er sich, des Menschen Schicksal «eine Wirkung der freien Willkür sein».[13] Wobei es zu erkennen gilt, dass die «Selbstliebe», der in den Tiefen der Menschenseele verwurzelte Egoismus, «gerade die Quelle alles Bösen ist.»[14]

Von Rousseau hatte Kant in jungen Jahren gelernt, dass der sittliche Wert des Menschen aus dem Urgrund seines Wesens entspringt und völlig unabhängig ist vom Intellekt. Dieser Überzeugung blieb Kant bis zuletzt, also durch all seine Entwicklungsstufen, nicht nur treu, sondern er trachtete sie zeitlebens zu befestigen.

Gründlicher als es den Anschein hat, vertiefte sich Goethe in Kants Werk. 1817, dreizehn Jahre nach dem Tode des Philosophen, schrieb der Achtundsechzigjährige in seiner Betrachtung über die «Anschauende Urteilskraft»: «Als ich die Kantische Lehre wo nicht zu durchdringen doch möglichst zu nutzen suchte, wollte mir manchmal dünken, der köstliche Mann verfahre schalkhaft ironisch, indem er bald das Erkenntnisvermögen aufs engste einzuschränken bemüht schien, bald über die Grenzen, die er selbst gezogen hatte, mit einem Seitenwink hinausdeutete.» – Goethe ist verwundert über die unlösbaren Widersprüche, die er in Kants Denken vorfindet. Und er zitiert jene Stelle, in der Kant dem diskursiven menschlichen einen intuitiven göttlichen Verstand entgegenstellt, einen *intellectus archetypus*.[15] Goethe fährt fort: «Zwar scheint der Verfasser hier auf einen göttlichen Verstand zu deuten, allein wenn wir ja im Sittlichen, durch Glauben an Gott, Tugend und Unsterblichkeit uns in eine obere Region erheben und an das erste Wesen annähern sollen; so dürft' es wohl im Intellektuellen derselbe Fall sein, dass wir uns, durch das Anschauen einer immer schaffenden Natur, zur geistigen Teilnahme an ihren Produktionen würdig machten. Hatte ich doch erst unbewusst und aus innerem Trieb auf jenes Urbildliche, Typische rastlos gedrungen, war es mir sogar geglückt, eine naturgemäße Darstellung aufzubauen, so konnte mich nunmehr nichts weiter verhindern, das *Abenteuer der Vernunft*, wie es der Alte vom Königsberge selbst nennt, mutig zu bestehen.»[16]

Im anschauenden Erleben der schaffenden Natur erbildet Goethe eine Urteilskraft, die sich dergestalt in das sinnlich-übersinnliche Wirken des Weltgeistes versetzt, dass der menschliche Intellekt verbunden erscheint mit dem *intellectus archetypus*.

Als Schillers Gebeine 1826 aus einem Kassengewölbe geborgen worden waren, befand sich sein Schädel für einige Zeit in Goethes Haus, wo ihn Wilhelm von Humboldt, ein engster Freund Schillers, noch Ende Dezember sehen konnte.[17] In Terzinen hat Goethe den ihn überwältigenden Anblick geschildert. Zutiefst ergriffen bekennt er:

> Wie mich geheimnisvoll die Form entzückte!
> Die gottgedachte Spur, die sich erhalten!
> Ein Blick, der mich an jenes Meer entrückte,
> Das flutend strömt gesteigerte Gestalten.

Geheim Gefäß! Orakelsprüche spendend,
Wie bin ich wert, dich in der Hand zu halten?
Dich höchsten Schatz aus Moder fromm entwendend.
Und in die freie Luft, zu freiem Sinnen,
Zum Sonnenlicht andächtig hin mich wendend.
Was kann der Mensch im Leben mehr gewinnen,
Als dass sich Gott-Natur ihm offenbare?
Wie sie das Feste lässt zu Geist verrinnen,
Wie sie das Geisterzeugte fest bewahre.

Goethes Erleben der geistgewirkten Sinneswelt führte ihn fort und fort an das Gestade jenes Weltenmeeres, «das flutend strömt gesteigerte Gestalten». Die gottgedachten Formen waren ihm Offenbarungen des in allem Naturgeschehen waltenden göttlichen Schöpfergeistes. Eine «Kritik der reinen Vernunft», die Kant selbst als kopernikanische Wende bezeichnet hatte, lag deshalb völlig außerhalb der Goetheschen Zielsetzungen.

Wie stand es aber damit bei Schiller? Jahr um Jahr, nach der 1787 erschienenen zweiten, in vielem veränderten Auflage des entscheidenden Kantschen Werkes, hatte Schiller, auch auf vielfaches Drängen seiner Freunde, die Absicht, sich in Kants ebenso komplexe wie komplizierte Gedanken zu vertiefen. Aber erst im Februar 1791 sollte es dazu kommen, dass der nun schwer Erkrankte erste Einblicke in die Kantsche Philosophie, zunächst freilich nur in die *Kritik der Urteilskraft*, nahm. Was ein bedeutsames Licht wirft auf Schillers grundlegend andere, mehr noch entgegengesetzte Überzeugung von der Bedeutung der menschlichen Vernunft, wie er dieselbe 1789 in einer Vorlesung betrachtet hatte, die er im folgenden Jahr schriftlich behandelte in der Abhandlung *Etwas über die erste Menschengesellschaft nach dem Leitfaden der Mosaischen Urkunde* – behandelte also im Zusammenhang mit der Paradieseslegende, die Schiller einer völlig neuen, nie zuvor gewagten Deutung unterzog.

«Am Leitbande des Instinkts,» so beginnt Schiller seine epochale Betrachtung, «woran sie noch jetzt das vernunftlose Tier leitet, musste die Vorsehung den Menschen in das Leben einführen, und da seine Vernunft noch unentwickelt war, gleich einer wachsamen Amme hinter ihm stehen.» Und so entwickelte sich der Mensch nach und nach als organisches und triebhaftes Wesen. «Als Pflanze und Tier war der Mensch also vollendet. Auch seine Vernunft hatte schon von ferne angefangen, sich zu entfalten.» Wäre es allerdings dabei geblieben, dann hätte er sich «aus der Vormundschaft des Naturtriebs» niemals befreit, «frei und also moralisch wären seine Handlungen niemals geworden, über die Grenzen der Tierheit wär' er niemals gestiegen.» «Aber der Mensch war zu etwas anderem bestimmt ... Was die Natur in seiner Wiegenzeit für ihn übernommen hatte, sollte er jetzt selbst für sich übernehmen, sobald er mündig war. Er selbst sollte der Schöpfer seiner Glückseligkeit werden, und nur der Anteil, den er daran hatte, sollte den Grad seiner Glückseligkeit bestimmen. Er sollte den Stand der Unschuld, den er jetzt verlor, wieder aufsuchen lernen durch seine *Vernunft*, und als ein freier, vernünftiger Geist dahin zurückkommen, wovon er als *Pflanze* und als eine Kreatur des Instinkts ausgegangen war; aus einem Paradies der Unwissenheit und Knechtschaft sollte er sich, wäre es auch nach späten Jahrtausenden, zu einem Paradies der Erkenntnis und Freiheit hinaufarbeiten, einem solchen nämlich, wo er dem moralischen Gesetz in seiner Brust ebenso unwandelbar gehorchen würde, als er anfangs dem Instinkte gedient hatte, als die Pflanze und die Tiere diesem noch dienen. Was war also unvermeidlich? Was musste geschehen, wenn er diesem weitgesteckten Ziel entgegenrücken sollte? Sobald seine Vernunft ihre ersten Kräfte nur gespürt hatte, verstieß ihn die Natur aus ihren pflegenden Armen, oder richtiger gesagt, er selbst, von einem Triebe gereizt, den er selbst noch nicht kannte, und unwissend, was er in diesem Augenblicke Großes tat, er selbst riss ab von dem leitenden Bande, und mit seiner noch schwachen Vernunft ... machte er sich auf den gefährlichen Weg zur moralischen Freiheit. ... Dieser Abfall des Menschen vom Instinkte, der *das moralische Übel zwar in die Schöpfung brachte, aber nur, um das moralische Gute darin möglich zu machen* (Hervorhebung durch den Autor), ist ohne Widerspruch die glücklichste und größte Begebenheit in der Menschengeschichte; von diesem Augenblick her schreibt sich seine Freiheit, hier wurde zu seiner Moralität der erste entfernte Grundstein gelegt.»[18]

In der bisherigen Schöpfung gab und gibt es nur amoralische Naturgeschehnisse, gab und gibt es Gutes und Böses nicht. Ja, so verstanden, ist im natürlichen Kosmos alles Geschehen «jenseits von gut und böse» – freilich im Gegensatz zu Nietzsches teuflischer Idee. Erst der vernunftbegabte Mensch trägt in dieses weisheitsvoll-erhabene Geschehen das moralisch gute und moralisch böse Denken, Fühlen und Handeln hinein. Indem sich der Mensch im Garten Eden gegen Jahve Elohim gerichtet hatte und auf Anraten des widergöttlich-listigen Wesens vom Baum der Vernunft-Erkenntnis aß, trug er das moralische Übel in die Schöpfung hinein, sich losreißend von der Natur, in der es nur Gottgedachtes gibt, auf dem Goethes Blick zeitlebens anbetend ruhte. Weshalb es Goethe auch nie recht geheuer war im Anblick des unbedingten Schillerschen Freiheits-Willens. Schien ihm Schiller doch sogar undankbar gegenüber der Natur, die ihn keineswegs stiefmütterlich behandelt hatte. Alles dagegen lag Schiller daran, dass der vernunftbegabte Mensch einen *Zukunftskeim* in die bisherige Schöpfung hineinträgt, auf dass dereinst alles Natürliche moralisch, alles Moralische natürlich sei – in fernen Jahrtausenden. Das mosaische Dokument hatte in seiner Weise die Vertreibung aus der göttlichen Welt dem Menschen zum Bewusstsein gebracht, hatte so das moralische Schuldgefühl in die Tiefen der Menschenseele gesenkt, die sich auf dem Todesacker dieser Welt allem Unheil, allem Leiden, allen Ängsten und Qualen ausgeliefert sieht. Nun aber war es an der Zeit, so war Schiller überzeugt, der tiefgründigen mosaischen Legende die komplementäre Wahrheit entgegenzustellen: Der vernunftbegabte Mensch trägt keineswegs nur das Übel in die Welt, vielmehr erwächst aus seinem Tun, in dem Gutes und Böses gemischt sind, segensvolle und verhängnisvolle Mächte miteinander ringen, eine *neue Schöpfung*, in der das Natürliche moralisch, das Moralische natürlich sein wird – in fernen Zukunftszeiten. Der gegenwärtige Mensch ist ein embryonaler, noch wenig ansehnlicher Keim, umbrandet von unheilvollen Gewalten: er ist ein «unglücklicher», ein tragischer Künstler, dessen Schöpfertum nicht nur Gutes, vielmehr auch Unheilvollstes, ja, zunehmend Bedrohliches hervorbringt. Sah Schiller doch, wie sein Zeitalter in die Gottesleere verhängnisvoll hineingeraten war. Gerade hatte er, 1788, in dem Gedicht «Die Götter Griechenlands» wehklagend ausgerufen:

> Wo jetzt nur, wie unsre Weisen sagen,
> Seelenlos ein Feuerball sich dreht,
> Lenkte damals seinen goldnen Wagen
> Helios in stiller Majestät.

Die kunst- und geisterfüllte Zeit der Griechen – das sah Schiller, der Tragiker, mit Bestürzung – ist versunken:

> Ausgestorben trauert das Gefilde
> Keine Gottheit zeigt sich meinem Blick;
> Ach, von jenem lebensvollen Bilde
> Blieb der Schatten nur zurück.

Die Natur ist ihrer göttlichen Aura beraubt:

> Gleich dem toten Schlag der Pendeluhr,
> Dient sie knechtisch dem Gesetz der Schwere,
> Die entgötterte Natur.

Schiller blickte in das Grab der gottbeseelten Vergangenheit: alles Hohe, alles Schöne, wie es die griechische Antike verkörpert hatte, war dahin:

> Und uns blieb nur das entseelte Wort.

Als schöpferischer Mensch sah sich Schiller in eine kunstfeindliche Welt versetzt, die er jedoch bejahte als eine Voraussetzung des auf sich selbst gestellten Menschen-Ich. Hatte Moses den Ursprung der Vertreibung bewusst gemacht, so wollte Schiller nunmehr aufzeigen, dass diese Vertreibung im Schöpfungsplan begründet ist. Vermag doch auf keinem anderen Wege die Menschheit zu dem «Paradies der Erkenntnis und der Freiheit» zu gelangen – um *freiwillig* das moralische Gesetz im selbstverantwortlichen Tun zu verwirklichen und damit zugleich das moralische Übel wieder aus der Welt zu schaffen.

Dass dieses äonenumspannende Geschehen eine unermessliche Tragödie ist, war Schiller mit ehernen Lettern in die Brust geschrieben. Ist es doch «dem Menschen einmal eigen, das Höchste und das Niedrigste in seiner Natur zu vereinigen»[19]. In der Seele des Menschen tobt ein Kampf zwischen Selbstsucht und Selbstlosigkeit. Von der niederziehenden Gewalt der Begierden soll sich der Mensch *eigenständig* befreien, indem er in sich selbst die Liebeskraft entfaltet. Ist doch einzig die Liebe «eine freie Empfindung, denn ihre reine Quelle strömt hervor aus dem Sitz der Freiheit, aus unserer göttlichen Natur.»[20]

Selbstbestimmung

Als sich im 6. vorchristlichen Jahrhundert das mythische Bildererleben in das bildlose Denken verwandelte und die Vorsokratiker ihren Blick auf den sinnlich wahrnehmbaren Kosmos richteten, vernahmen sie zugleich die mahnende Stimme des delphischen Orakels: «Erkenne dich selbst.» Und niemand folgte dieser Aufforderung eindringlicher als Sokrates, der im Zwiegespräch mit seinen Athener Mitbürgern bestrebt war, die intellektuelle Selbsterforschung und Selbstbestimmung anzuregen. Er selbst wusste sich beschützt von der Gottheit und von seinem Daimonion, sah aber voller Sorge, mit welcher Unbekümmertheit und gewissenlosen Eigenliebe die Sophisten des 5. Jahrhunderts die menschliche Intelligenz herauslösten aus allen göttlichen Bezügen. Sagte doch ein Kallikles zu ihm: «Wohlleben, Ungebundenheit und Freiheit, wenn sie über genügend Hilfsquellen verfügen, das ist Tugend und Glück. Alles andere ist Flitter, naturwidrige Konvention der Gesellschaft, Geschwätz und nichts wert.»[21] Gottlosigkeit und Selbstvergötterung griffen um sich, während Sokrates seine mahnende Stimme erhob, zuinnerst bestimmt von der Gewissheit, dass Gerechtigkeit und Selbstbeherrschung, Maß, Ordnung und Freundschaft Himmel und Erde zusammenhalten. Gleichzeitig sah Sokrates, wie sich seine Mitbürger weder um Einsicht und Wahrheit, noch um die Besserung ihrer Seele kümmerten, die doch nach seiner Überzeugung ein ewiges Wesen ist, in dieser vergänglichen Welt vom Körper umschlossen, weshalb alles Philosophieren in Wahrheit sterben heißt, mit dem einen Ziel, in die ewige Heimat zurückzukehren und sich nach Möglichkeit nicht wiederverkörpern zu müssen. Gleichzeitig aber gewahrte Sokrates, wie sich die Menschen leidenschaftlich an den Körper klammerten, wodurch die Seele ihr Gefieder verlor.

Platon, dem wir das Wissen um Sokrates verdanken, entfaltete seine Ideenwelt im engsten Zusammenklang mit seinem Lehrer und Freund. Im *Phaidros* richtet Platon-Sokrates den Blick auf das Wesen der Seele, das, wie er betont, wirklichkeitsgemäß darzustellen, einer in jeder Hinsicht göttlichen Kraft bedürfen würde. Ist doch die sich selbst bewegende Menschenseele unsterblich. Immerhin aber lässt sich von ihr in einem Bilde sagen, dass sie «der zusammengewachsenen Kraft eines geflügelten Gespanns und seines Führers» gleicht. Der Herr des Gespanns führt die Zügel, von den Rossen jedoch ist «das eine schön und edel», das andere aber «hat die gegenteiligen Eigenschaften und ist von gegenteiliger Abkunft», weshalb die Lenkung dieses Gespanns mühsam und schwierig ist. Ist doch bei uns Menschen – und nur bei uns – das Unsterbliche mit dem Sterblichen gleichsam zusammengewachsen. Das Ross von schlechtem Stamm «ist schwerfällig und drückt mit seiner Last das Gespann zur Erde nieder. Da waltet denn der Seele Mühsal und Kampf bis zum äußersten.» Bestehen kann der Mensch diesen Kampf nur dann, wenn er sich zur Schau des Göttlichen wendet, zur Schau des Schönen, Weisen und Guten, sich also zu den Sphären erhebt, die «nur der Lenker der Seele, der Geist, schauen kann, auf den sich die wahre Wissenschaft richtet.» Nährt sich doch «die göttliche Vernunft vom reinen Geist und Wissen». Weshalb es denn auch das Ziel der Seele des Philosophen ist, dieses Schauen zu entfalten und «immer in die vollkommenen Weihen eingeweiht» zu sein. Während der in dieser sinnlichen Schattenwelt verharrende Mensch gezeichnet ist «mit dem Ding, das wir Körper nennen und das wir, darein eingekerkert, wie ein Schaltier mit uns herumtragen müssen.»[22]

Zeitlebens lasteten auf Platon die ungelösten Fragen des sozialen Lebens. Wie soll die auf sich selbst gestellte Persönlichkeit, die in Athen ihren unabdingbaren Eigenwert einforderte, sich der Gemeinschaft, der Polis einfügen? In seinem Hauptwerk *Der Staat* trachtet Platon das Problem ein für allemal zu lösen. Alles Heil soll von dem Philosophen-König ausgehen, dem alle Bürger bedingungslos unterstehen. Geht doch nach Platon Überzeugung alles Unheil vom selbstbestimmten Individuum aus. Von Erdenleben zu Erdenleben soll sich die Menschenseele emporringen zur Gottesschau des Philosophen, der allein fähig ist, die menschliche Gemeinschaft als ein heilsames Gebilde auszugestalten, wozu er gegebenfalls zu rigorosesten Mitteln greifen muss.[23] Mit einem Wort, Platon kannte das Urbild der autonomen Individualität nicht – er erlebte nur den Archetypus der Menschheit. Jeder Einzelne hat sein Eigensein preiszugeben, hat sich der Gottheit bedingungslos unterzuordnen, die das Maß aller Dinge, Anfang, Mitte und Ende alles Seienden ist. «Wer also Gott wohlgefällig werden will», fordert der Achtzigjährige noch in seinem Spätwerk *Die Gesetze*, «muss sich nach allen Kräften ihm möglichst gleich zu werden bemühen,

und wer von uns mäßig und besonnen ist, der ist eben hiernach Gott wohlgefällig, denn er gleicht ihm; wer aber das Gegenteil, der ist ihm unähnlich
und lebt im Widerstreit mit ihm und ist ihm verfeindet».[24] Gottesfeind-
schaft ist die Quelle alles Unheils. Bemächtigen sich doch alsbald Lüste
und Begierden der gottentfremdeten Seele; wobei der mächtigste Antrieb
zu Freveltaten und Begierden, der «sich einer von Leidenschaften verwil-
derten Seele bemächtigt», die Geldgier ist, das Verlangen «nach endlosem
und unermesslichem Besitze»[25].

Bis zu seinem Lebensende ist Platon bestrebt, «dem Bösen zur Nieder-
lage zu verhelfen.» Gleichzeitig weiß der Greis allzu gut, dass die Selbstbestimmung nur dann möglich ist, wenn ein jeder *selbst entscheidet, was
er werden will.* Weshalb Platon fordert, dass die Willensfreiheit jedes Einzelnen nicht untergraben werden darf. Ja, Platon betont, «wie aber ein jeder von uns werden wolle, das zu bewirken überließ er (Gott) dem freien
Willen eines jeden, und es wird einem jeden der Charakter zuteil, den er
wünscht, und auf die Art wie er ihn zu erreichen begehrt.» Alles damit
Verbundene geschieht «nach der Ordnung und dem Gesetz des Schicksals.» Wer sich zum Schlimmen verändert hat, «wird in die Tiefen der
Erde und in jene unteren Räume hinabgestoßen, welche unter dem Namen
des Hades und anderer verwandter Benennungen ein gewaltiger Schrecken
der Seelen im Wachen und im Träumen, im Leben sowie nach Ablösung
von dem Leibe sind.» Und so bestimmt denn die Seele «durch ihren
eigenen Willen», welchen Schicksalsweg sie nehmen will.[26]

Ratlos stand Platon vor dem Abgrund der freien Willensentscheidung
des Menschen, vor dem Wirken des Schicksals und dem Mysterium des
Bösen, das mit dem Wesen der Menschenseele zusammengewachsen ist.
Einerseits existierte für Platon der Einzelne nur um des Weltalls willen:
Dienen doch überall im Kosmos die Teile dem Ganzen. Andererseits soll
jeder Mensch sein Schicksal selbst bestimmen, ja, soll sich selbst zwischen
dem Göttlichen und Widergöttlichen entscheiden. Walten doch in jeder
Menschenseele entgegengesetzte Mächte. Weshalb Platon sich gegen Ende
seines Lebens fragt, ob es zwei Weltseelen gibt, eine gute und eine böse.
Eine Antwort aber findet er nicht. Seine Urbilderschau verstummte im
Anblick des Menschen.

Und Aristoteles? Als Siebzehnjähriger war er 367 v. Chr. nach Athen gekommen und hatte bis zum Tode seines Lehrers und Freundes im Jahre 347

der Akademie angehört. In seinen «Wanderjahren» wandte sich Aristoteles gegen Platons Lehre von den Ideen, den Urbildern, in denen er selbst nun «nichts als leere Worte und poetische Bilder»[27] sah. Auch erklärte er im Gegensatz zu Platon das Weltall für «ungeworden und unvergänglich». «Denn außerhalb der Welt ist nichts, da alles zu ihrer Vollendung verwendet wurde.»[28] Hatte Platon in den sinnlich wahrnehmbaren Erscheinungen bloße Schatten der Urbilder gesehen, die sich einzig und allein der geistigen Schau erschließen, so bekundete Aristoteles seine «Vorliebe für die *sinnlichen Wahrnehmungen*»[29] – für Empirie, die zwei Generationen später alles schöpferische Philosophieren verdrängen sollte.[30]

Die beispiellose geistige Spannweite und begriffliche Verstandesschärfe des Entdeckers der Logik hat Rudolf Steiner 1913 in einem Vortrag eindringlich gewürdigt. In Aristoteles begegnet uns, «was in einer gewissen Weise keine Steigerung, keine Fortbildung bis in unsere Zeit erfahren hat. Das Denken, die Wissenschaftlichkeit des Aristoteles ist etwas so Ungeheures auch heute noch, dass man sagen kann, es war etwas Höchstes erreicht im menschlichen Denken, so dass eine Steigerung bisher nicht geschehen ist.»[31]

Im Staat sieht Aristoteles – im Gegensatz zu Platon – «eine Gemeinschaft gleichberechtigter Bürger zum Zweck der Ermöglichung der besten Lebensführung.»[32] Die Polis betrachtet Aristoteles als «das Ziel für den Einzelmenschen und für die Gesamtheit»[33]. Wobei Platons Überzeugung zurückgewiesen wird, dass die Einzelseele unsterblich sei und von Verkörperung zu Verkörperung fortschreite.

In der nach seinem Tode erschienenen *Nikomachischen Ethik* hat Aristoteles den Begriff der Willensfreiheit als das Fundament des moralischen Handelns bezeichnet. Indem wir uns etwas «Gutes oder Böses vornehmen», so Aristoteles, «bestimmen wir unseren Charakter, nicht aber durch unsere Meinungen. Wir fassen den Vorsatz, etwas Gutes oder Böses zu tun oder zu lassen»[34]. «Da also der Gegenstand des Vorsatzes etwas von uns Überlegtes und Erstrebtes ist, das in unserer Macht steht, so ist *der Vorsatz ein mit Überlegung verbundenes Streben nach etwas, das in unserer Macht steht.*» Allerdings steht nicht nur die Tugend, sondern auch das Laster in unserer Gewalt, denn «die Bosheit ist etwas Freiwilliges». Nach Aristoteles entspringt die Willensfreiheit dem sich vollbewusst zwischen gut und böse entscheidenden Menschen. Indem «die Tugenden Sache des freien Willens sind – denn wir sind irgendwie mitschuldig an unseren Eigenschaften, und entsprechend dem Charakter, den wir haben, stecken wir uns unsere Ziele –, so sind auch die Laster Sache des freien Willens»[35].

Indem Aristoteles Platons Reinkarnationsgedanken negiert, der Mensch aber mit einem unverwechselbaren Charakter zur Welt kommt, den er *nicht selbst bestimmen* konnte, ist er keineswegs «irgendwie selbst mitschuldig» an seinen Eigenschaften. Mit anderen Worten, die Ethik des Aristoteles fand keinen festen Boden im menschlichen Wesen. Dieses muss Halt im Göttlichen suchen. Weshalb es unsere Aufgabe ist, «uns, soweit es möglich ist, unsterblich zu machen und alles zu tun, um dem Besten, was in uns ist, gemäß zu leben. ... Ja, es scheint sogar, dass in ihm» – im Nous – «das Wesentliche eines jeden liegt, insofern es das Beherrschende in ihm und sein besseres Ich ist» – «und dieses Leben ist das glückseligste.»[36]

Weder Platon noch Aristoteles wussten das Wesen des ethischen Handelns im menschlichen Eigenwesen zu begründen. Wie sich die gesamte Antike in dem engmaschigen Netz verfing, das die Mysterien des Menschseins umgab.

Als sodann der siebenhundert Jahre nach Aristoteles lebende Augustinus den Menschen seiner Willensfreiheit beraubte, um die Allmacht Gottes zu sichern, konnte von Selbstbestimmung keine Rede mehr sein. Nunmehr galt der Mensch als vorherbestimmt, dem unerforschlichen Willen Gottes anheimgegeben. Ohne eigenes Verdienst ist für Augustinus ein jeder durch Gnadenwahl zur Seligkeit oder ohne eigene Schuld zur Verdammnis prädestiniert. Noch Luther, der Augustinermönch, war überzeugt, an seinem Heil oder Unheil nicht mitwirken zu können.

Auch Thomas von Aquino, der bedeutendste Philosoph und Theologe des Mittelalters, wusste das Problem der Willensfreiheit, also der *moralischen Eigenverantwortung*, keineswegs zu lösen. Mit aller Herzensinnigkeit fragte er sich in seiner *Summe der Theologie*[37], ob Gott die Ursache von Übeln sein könne und ob die Vernunftseele unmittelbar von Gott hervorgebracht sei. Eindringlichst trachtete der Aquinate zu klären, ob der Mensch freie Wahlentscheidungen zu treffen vermag oder ob das Schicksal, von dessen Wirken Thomas überzeugt war, unwandelbar ist. Vor allem aber fragte er nach dem *Endzweck des Menschen*, dessen er freilich sicher war. Kann doch die Menschenseele nur das eine Ziel haben, die Vereinigung mit Gott zu vollziehen – in ihrem einmaligen Erdenleben, das die

Gottheit dem Nichts entbunden hat, auf dass sich der Mensch zwischen gut und böse entscheide, worin seine Freiheit besteht. Vermag sich die Antriebskraft des menschlichen Willens doch auch gegen Gott zu richten. Gleichzeitig allerdings fragt Thomas von Aquino: Ist der Wille der Träger der Sünde? Oder kann es auch in der Vernunft die Todsünde geben? Der erschaffene Verstand jedenfalls soll auf das gründlichste ausgebildet werden. Die letzte Ursache aller Sünden hingegen liegt im Teufel. Wobei Thomas zwischen lässlichen Sünden und Todsünden streng unterscheidet. Nicht im bloßen Denken, sondern in den Gemütstiefen der Seele lauert die größte aller Sünden. Denn: «Weil die Menschen durch die Sünde des Unglaubens mehr als durch die sonstigen von Gott getrennt werden, so ist sie die schwerste aller Sünden, die in der sittlichen Verkehrtheit eintreten können.» Denn: «Das Laster der Gottlosigkeit ist aus seiner Gattung her die schwerste aller Sünden, die sogar den Unglauben (der die schwerste aller Sünden ist) noch schwerer macht.»[38] Mit einem Wort, Thomas ist überzeugt, dass es in der Willensmacht des Menschen liegt, an den Gott des Neuen Testamentes zu glauben – sofern dieser Mensch der christlichen Weltsphäre angehört. Was mit dem übrigen Teil der Menschheit geschehen wird, trachtet Thomas von Aquin nicht zu klären.

Wie Gottes *allmächtiger Wille* und der dieser Allmacht erfolgreich *widerstreitende Wille* des Teufels die Selbstverantwortung des Menschen beinhalten, ist, trotz aller theologischen Bemühungen, bis heute nicht geklärt.[39]

Die Scholastik kollabierte im Nominalismus. Seit dem Beginn der Neuzeit gingen Glauben und Wissen getrennte Wege. Ein Riss durchzog das Geistesleben des Abendlandes. Hatte bereits Aristoteles in seiner letzten Schaffenszeit die Metaphysik nur noch durch die ewige Sehnsucht des menschlichen Gemüts gerechtfertigt und in der sinnlichen Welt «*eine Art Ersatz*» für die fehlende Erkenntnis der göttlichen Welt gefunden, so wandte sich der neuzeitliche Mensch mit letztem Nachdruck der Sinnesoffenbarung zu, was niemand entschiedener bekundet hat als Lord Francis Bacon. In seinem *Novum Organum* macht er 1620 die Sinne «zu den kirchlichen Türstehern und zu den erfahrenen Auslegern»[40] der wahren Erkenntnis. Die sinnliche Erfahrung, Beobachtung und Experiment, betrachtet Bacon als die alleinige Grundlage der Wissenschaft. Alles Erkennen soll von der Induktion, von der sinnlichen Erfahrung ausgehen – das

reine Denken wird zum *Sklaven der Empirie*. Im Jahre 1886 stellte der fünfundzwanzigjährige Rudolf Steiner dieser verhängnisvollen Halbwahrheit
die Erkenntnis entgegen, dass alle wahre Wissenschaft zwar von der Erfahrung auszugehen hat, aber im Denken «dasjenige, was wir bei der übrigen
Erfahrung suchen, selbst unmittelbare Erfahrung geworden» ist. Mehr
noch, das Prinzip der Erfahrung kann nur im Denken in seiner höchsten
Form Anwendung finden. Denn was wir bei aller sinnlichen Erfahrung
überwinden müssen, «die Form des unmittelbaren Auftretens, das gerade
ist beim Denken festzuhalten.» Ist doch nur unser Denken «eine völlig
auf sich selbst gebaute Wesenheit». «Nicht die Sinnlichkeit wiederzu-
käuen ist es da, sondern das zu durchdringen, was dieser verborgen ist.»[41]
Weshalb der Menschengeist nur im reinen Denken eine auf sich selbst gegründete Wesenheit ist, die sich ihre moralischen Ziele ohne jeden Fremd-
einfluss selber zu setzen vermag.

Bereits Aristoteles hatte – in seiner frühen Schaffenszeit – erkannt, dass
im göttlichen Geist Denkkraft und Gedachtes zusammenfallen. Denn
«der göttliche Geist denkt sich selbst ... und seine Denktätigkeit besteht
im Denken des Denkens.»[42] Während wir Menschen «im besten Fall
nur kurze Zeit» das Denken an sich zu erleben vermögen.[43] Nicht also
im eigenständigen Menschenwesen finder Aristoteles Halt, sondern nur in
der vorübergehenden Teilhabe am göttlichen Denken. Auch richtet Aristoteles sein Denken zunehmend auf die sinnliche Erfahrungswelt. Zwar
betrachtet er den Geist als «die Form aller Formen» und die Wahrnehmung als «die Form aller Wahrnehmungen.» Doch tritt die Erfahrung,
die Wahrnehmung des reinen Denkens zurück, weshalb er bekennt: «Da
aber, wie es scheint, kein Ding neben den ausgedehnten, wahrnehmbaren
Körpern gesondert besteht, so ist das Denken in den wahrnehmbaren Formen enthalten ... Deshalb kann man ohne Wahrnehmung nichts erkennen
oder verstehen»[44].

Die sinnlich wahrnehmbare Welt ist für Aristoteles durchwirkt und
durchwaltet von den göttlich-geistigen Form-Kräften, die den gesamten
Stufenbau der Natur in Erscheinung treten lassen. Während der *Materie*
an sich nur ein potentielles Sein zukommt, «weil sie noch in Form kommen muss». Aktuell existiert sie erst, wenn sie auch schon in Form ist. Die
in allem Lebendigen, in allen Pflanzen, Tieren und Menschen wirkenden
Formkräfte, die Entelechien erlebt Aristoteles als geistig schöpferische

Ziel-Kräfte. In der *anorganischen* Natur aber lassen sich teleologische Schaffensmächte nicht auffinden. Wenn ein Ziegel vom Dach fällt, herrschen in ihm einzig und allein mechanische Gesetze. Weshalb Galilei sich mit aller Entschiedenheit gegen Aristoteles stellen sollte.

Seit dem 15. Jahrhundert hatte sich die abendländische Menschheit zunehmend der Sinneswelt zugewandt. Der vom bloßen Glauben abgefallene Mensch suchte Halt in der an die Sinne gebundenen Erkenntnis. Konsequent forderte deshalb Galilei, alles zu messen oder messbar zu machen. Der menschliche Geist erfasste nur noch das Tote. Weshalb Schiller gegen Ende des 18. Jahrhunderts wehklagend ausrufen konnte:

> Gleich dem toten Schlag der Pendeluhr,
> Dient sie knechtisch dem Gesetz der Schwere,
> Die entgötterte Natur.

Die Menschheit hatte eine Weltschicht betreten, in der sie sich selbst als seelisch-geistiges Wesen aus dem Blick verlor. Zwar konnte Kopernikus beweisen, dass die Erde um die Sonne kreist. Aber warum das geschieht, richtiger, welchen Sinn das hat, wurde nicht einmal mehr gefragt. In einem derart gottleeren Weltall jedenfalls gibt es keine freie Willensentfaltung.

1605 meinte Kepler in einem Brief, die Astronomie habe kein andere Ziel, als die «*himmlische Maschine*» zu erforschen, die «gleichsam ein *Uhrwerk*» ist.[45] Wobei Kepler sich als ein «Priester des höchsten Gottes» erlebte, der im «Buch der Natur» – der toten anorganischen Welt – zu lesen weiß.[46] Ursprünglich wollte Kepler Geistlicher werden, sagte sich aber bald: In der Theologie «gilt das Gewicht der Autorität, in der Philosophie aber das der Vernunftgründe.» Der begnadete Astronom erkannte dabei allerdings nicht, dass er das dogmatisch dem Glauben untergeordnete Denken des Mittelalters lediglich gegen ein reines Denken eintauschte, mit dem man Uhren und Maschinen konstruieren kann, nicht aber das sinn- und zielvolle Wirken entelechischer Wesen erfasst, wie er selbst eines war. Zwar konnte Kepler beim Anblick des bestirnten Himmels, wie später auch Kant, das Walten des Ewig-Erhabenen im Herzen erleben. Zugleich jedoch musste er bekennen: «Es gibt nichts, was ich mit größerer Peinlichkeit zu erforschen und so recht zu wissen verlange, als dies: kann ich wohl Gott, den ich bei der Betrachtung des Weltalls geradezu mit Händen greife, auch in mir selber finden?»[47]

Sein ewiges Ich-Wesen im reinen Denken zu erleben, *sich selbst als zur Freiheit berufenes Geist-Wesen bewusst zu machen*, war Kepler versagt. Wie hundertfünfzig Jahre später Kant nur im Gefühlserlebnis des moralischen Gesetzes inneren Halt fand, ohne zu bemerken, dass Moralität ohne *vernunftbegabte Willlens-Freiheit* ein Unding ist. Das im reinen Denken erlebbare, sich selbst als freie Entelechie erfassende ICH zum Urquell alles moralischen Strebens zu erheben, blieb Schiller vorbehalten, der erkannte: Im Menschen entwickelt sich eine moralische Schöpfung – im «*unmittelbaren Verkehr* mit dem Geistergesetz, das in unserem Busen gebietet»[48] und uns «unsere moralische Selbständigkeit»[49] sichert. Denn «an das absolut Große in uns selbst kann die Natur in ihrer ganzen Grenzenlosigkeit nicht reichen.»[50] Der Mensch ist berufen, als sich selbst bestimmender Geist eine neue Schöpfung erstehen zu lassen – das Paradies der Erkenntnis und der Freiheit.

Was in Schillers Seele wie ein gewaltiges Wetterleuchten lebte, gestaltete sich in Rudolf Steiner zu einem sonnengleich leuchtenden Michael-Schwert, das im Jahre 1893 in seiner *Philosophie der Freiheit* erstmalig erglänzte.

Durch seine gesamte Schaffenszeit, bis zu seinem Tod im März 1925, hat Steiner die Wesensgründe der menschlichen Freiheits-Erfahrung von den denkbar verschiedensten Blickpunkten aus betrachtet.[51] Hier kann, im gegebenen Zusammenhang, nur versucht werden, einige Umrisslinien anzudeuten, um vielleicht erahnbar werden zu lassen, auf welchem Fundament die anthroposophisch orientierte Geisteswissenschaft ruht.

Der michaelische Denk-Wille

Nach dem Tode Platons im Jahre 347 hatte Aristoteles, wie bereits erwähnt, Athen verlassen und während seiner nun folgenden «Wanderjahre» begonnen, seine eigene Philosophie zu entwickeln.[52] Indem er die Gottheit als dasjenige darstellte, «was Bewegung verursacht, ohne selbst bewegt zu werden, und zwar muss dies ewig, Substanz und Aktualität (Energie) sein», sah er in dem «Denken an sich» dasjenige, was das Beste zum Gegenstand hat und nannte «das absolute Denken das absolut Beste.» Aristoteles fährt fort: «Somit denkt die Denkkraft (der Geist) sich selbst, weil sie teilnimmt an dem Gegenstand des Denkens. Dadurch, dass sie nämlich ihren Gegenstand erfasst und denkt, wird sie selbst Gegenstand des Denkens, so dass Denkkraft und Gedachtes zusammenfallen. Denkkraft ist nämlich die Fähigkeit, das Gedachte und das wesenhafte Sein aufzunehmen. ... Wenn nun Gott sich immer in dem Zustand befindet, der für uns nur vorübergehend möglich ist, so ist das schon wunderbar; ist er es aber in noch höherem Grade, so ist das noch wunderbarer. Und so ist es in der Tat. Und auch Leben kommt ihm zu. Denn die Energie des Geistes ist Leben, ja er ist Energie. Seine absolute Energie ist bestes und ewiges Leben. Wir behaupten also, Gott sei ein ewiges, vollkommenes Wesen, und ihm komme Leben und ununterbrochenes, ewiges Sein zu. Das ist Gott ...»[53].

Das menschliche Denken erfährt Aristoteles – wie zu hören war – als einen Teil des göttlichen Denkens. Der Mensch aber lebt in der Wahrnehmung des Denkens «im besten Fall nur kurze Zeit» – also nur im Ausnahmezustand. Während die Gottheit nicht nur ewig in diesem Denken verharrt, sondern darüber hinaus in gesteigerter Weise: ihr Denken ist *lebenschaffend und erhält sich selbst*. An diesem göttlichen Denken hängt der Himmel und die Natur.

In seiner *Philosophie der Freiheit* führt Rudolf Steiner (im Zusatz von 1918) aus: «Wer das Denken beobachtet, lebt während der Beobachtung unmittelbar in einem geistigen, sich selbst tragenden Wesensweben darinnen. Ja, man kann sagen, wer die Wesenheit des Geistigen in der Gestalt, in der sie sich dem Menschen *zunächst* darbietet, erfassen will, kann dies in dem auf sich selbst beruhenden Denken.»[54] Das menschliche Denken, die menschliche Intelligenz ist eigenständig. Steiner fährt fort: «im Betrachten des Denkens selbst fallen in eines zusammen, was sonst immer getrennt auftreten *muss*: Begriff und Wahrnehmung.» Was als Denken im Bewusstsein auftritt, ist kein «schattenhaftes Nachbild einer Wirklichkeit» wie jeder bloße Begriff, «sondern eine auf sich ruhende geistige Wesenhaftigkeit. ... Nur durch eine Intuition kann die Wesenheit des Denkens erfasst werden.»[55]

Auf den ersten Blick erscheint Steiners Darstellung des Denkens wesensgleich mit der Denk-Erfahrung des Aristoteles. Zumal Steiner das Erleben des Denkens wörtlich als einen «Ausnahmezustand» bezeichnet.[56] Ist unser Denken doch gewöhnlich auf Inhalte gerichtet, die dem Denken selbst nicht angehören. Unsere Beobachtung des Denkens währt – wie wiederum Aristoteles ausführt – «im besten Fall nur kurze Zeit»[57], während der göttliche Geist aus seinem absoluten Denken niemals heraustritt, um sich selbst zu erleben.

Tatsächlich aber unterscheidet sich Rudolf Steiners Erfahrung des Denkens grundlegend von der des Griechen, der die Geistessonne außerhalb seines vergänglichen Menschenwesens erlebt; während Steiner im selbstbewussten Menschen-Ich das Sonnenzentrum des reinen Denkens erfährt: *Der michaelische Denk-Wille leuchtet als Gralsmysterium im Herzzentrum des menschlichen Wesens.* Die Beobachtung des Denkens, betont Steiner, ist die «allerwichtigste»[58], die ich machen kann. Auf einen festen Grund aber, so heißt es wenig später, treffe ich erst dann, «wenn ich ein Objekt finde, bei dem ich den Sinn seines Daseins aus ihm selbst schöpfen kann. Das bin ich aber selbst als Denkender, denn ich gebe meinem Dasein den bestimmten, in sich beruhenden Inhalt der denkenden Tätigkeit.»[59]

Hatte Aristoteles in der Gottheit den festen Grund seines Denkens erfahren, so erlebte Steiner den Quellgrund seiner Existenz in seinem *denken-wollenden ewigen Wesen*, in seinem sich selbst als Entelechie erfassenden ICH. Indem der Mensch sein Denken auf beobachtete Inhalte richtet, hat er Bewusstsein von den Objekten; indem er «sein Denken auf sich richtet, hat er Bewusstsein seiner selbst oder *Selbstbewusstsein*.»[60]

Der selbstbewusste Mensch, der seit dem 15. Jahrhundert, seit dem Beginn des Zeitalters der Bewusstseinsseele, zunehmend zu sich selbst erwacht ist, vermag in sich das Zentrum zu finden, das Platon und Aristoteles nur außerhalb ihres irdischen Wesens, nur in der Gottheit erleben konnten. Sie vermochten den Urgrund noch nicht in sich selbst zu erfahren. Während Steiner das *Zentrum aller Moral* in den Menschen selbst verlegt. Die *ethische Selbstbestimmung* ist für ihn das Fundament der zukunftsgemäßen Gemeinschaftsbildung. In Platons *Staat* weiß nur der Eingeweihte, der Philosophenkönig, das Heil der Polis zu sichern; wie in Aristoteles' Stadtstaat das Königtum bevorzugt erscheint. Während Steiner in seiner *Philosophie der Freiheit* erklärt: «Das menschliche Individuum ist Quell aller Sittlichkeit und Mittelpunkt des Erdenlebens. Der Staat, die Gesellschaft sind nur da, weil sie sich als notwendige Folge des Individuallebens ergeben.»[61] Denn: «Jeder von uns ist berufen *zum freien Geiste*, wie jeder Rosenkeim berufen ist, Rose zu werden.»[62] Wobei die *moralische Fantasie* als «die Quelle für das Handeln des freien Geistes»[63] angesehen wird.

Bereits im April 1886 hatte Steiner dargelegt: «Der Mensch hat sich uns als der Mittelpunkt der Weltordnung erwiesen. Er erreicht als Geist die höchste Form des Daseins und vollbringt im Denken den vollkommensten Weltprozess. Nur wie er die Sachen beleuchtet, so sind sie wirklich. Das ist eine Ansicht, der zufolge der Mensch die Stütze, das Ziel und den Kern seines Daseins in sich selbst hat. Sie macht den Menschen zu einem sich selbst genugsamen Wesen. Er muss in sich den Halt finden für alles, was an ihm ist. Also auch für seine Glückseligkeit. Soll ihm die letztere werden, so kann er sie nur sich selbst verdanken. Jede Macht, die sie ihm von außen spendete, verdammte ihn damit zur Unfreiheit.»[64]

Am 1. Juni desselben Jahres, 1886, veröffentlicht der fünfundzwanzigjährige Steiner ein Sendschreiben, das er in *Mein Lebensgang* als «die Urzelle» seiner *Philosophie der Freiheit* bezeichnet hat. Darin führt Steiner aus: «Die Ideale unseres Geistes sind eine Welt für sich, die sich auch für sich ausleben muss, und die nichts gewinnen kann durch die Mitwirkung einer gütigen Natur. ... Wo bliebe die göttliche Freiheit, wenn die Natur uns, gleich unmündigen Kindern, am Gängelbande führend, hegte und pflegte? Nein, sie muss uns alles *versagen*, damit, wenn uns Glück wird, dies ganz das Erzeugnis unseres freien Selbstes ist. Zerstöre die Natur täglich, was wir bilden, auf dass wir uns täglich aufs neue des Schaffens freuen können! *Wir wollen nichts* der Natur, uns selbst *alles* verdanken!»[65]

Noch wusste Steiner nicht, welchen Preis der Mensch des Zeitalters der Bewusstseinsseele, in dem er Freiheit erlangen soll, zu zahlen hat für das Erwachen zu sich selbst. Will der Mensch Freiheit erleben, dann betritt er zugleich die Machtsphäre des ahrimanischen Geistes, «der die gegenwärtige Welt ganz in einen Kosmos des intellektuellen Wesens umgewandelt wissen will.»[66] Indem sich der Mensch die Freiheit erobert, bedarf er *toter Gedanken*. «In der kosmischen Gegenwart», wird Steiner 1924 im 155. Leitsatz sagen, «nimmt der Mensch mit seinen ihn befreienden Gedankenkräften an dem erstorbenen, mit seinen ihm ihrem Wesen nach verborgenen Willenskräften an dem als Erdenwesen keimenden, neu auflebenden Makrokosmos teil.»

Der Mensch musste in Regionen gelangen, die Geisteskälte und Geistesfinsternis verkörpern. Will der Mensch Freiheit nur im Intellekt erringen, dann ist er auf dem Wege, Ahriman zu verfallen, «der die gegenwärtige Welt ganz in einen Kosmos des intellektuellen Wesens umgewandelt wissen will.»[67]

Im gottleeren Weltall

Nichts hat Goethe tiefer verstört, nichts hat ihn tiefer verstimmt als Newtons Licht- und Farbenlehre, die nach Goethes Überzeugung eine unheil-
volle Verwirrung über die Welt gebracht hatte. Newtons totes, gottleeres
Licht erregte in Goethes Seele einen unaussprechlichen Schauder. In den
Farben sah er «Taten des Lichts, Taten und Leiden.»[68] War ihm die Finsternis doch keineswegs die bloße Abwesenheit des Lichtes, vielmehr die
urbildlich wirkende Gegenmacht des im Lichte wesend-webenden Göttlichen. Weshalb Goethe auch überzeugt war: «Licht und Geist, jenes im
Physischen, dieser im Sittlichen herrschend, sind die höchsten denkba-
ren unteilbaren Energien.»[69] Und so stand Goethe als ein Hohepriester
des Lichtes in einer lichtlosen, lichtfeindlichen Zeit, die nur Messbares,
Zählbares, Wägbares als erkennbar betrachtet. Zwar sah er in der Mathe-
matik eine erhabenste und nützlichste Wissenschaft, wie er Eckermann
gegenüber betonte. Gleichzeitig aber schauderte ihn im Gewahren dieser
abstrakten Formelsprache, die sich wie ein «Hexengewirre»[70] über alles
Unmessbare, über alles Lebendige, Beseelte, Geistbegabte gelegt hatte.
Während Goethe im Buche der Natur zu lesen wusste als in heiligen Chif-
fren des göttlichen Schöpferwesens. Derweil Schiller die entgötterte Natur
erlebte, die sklavisch dem Gesetz der Schwere folgt.

Wohl im Sommer 1542 hatte Kopernikus eine Widmungsrede zu seinen
Revolutiones (über die Kreisbewegungen der Himmelskörper) an Papst
Paul III. verfasst, in der er die Überzeugung vertrat: «Wenn aber vielleicht
Schwätzer kommen, die, obgleich in allen mathematischen Wissenschaf-
ten unwissend, sich dennoch ein Urteil darüber anmaßen und es wagen
sollten, wegen einer Stelle der (heiligen) Schrift, die sie zugunsten ihrer
These übel verdreht haben, dieses mein Werk zu tadeln und anzugrei-
fen, so mache ich mir nichts aus ihnen, und zwar in solchem Maße nicht,
dass ich sogar ihr Urteil als dummdreistes verachte. ... Mathematische
Dinge werden für Mathematiker geschrieben (mathemata mathematicis
scribuntur).»[71]

Als gläubiger Christ richtete Kopernikus den genialen Geistesblick des
Mathematikers in den gottleeren Weltenraum:

Wo jetzt nur, wie unsere Weisen sagen,
Seelenlos ein Feuerball sich dreht.

Ein Feuerball, dessen unvorstellbar gewaltige Energien, wie man im 21. Jahrhundert zu wissen meint, gleich all den vielen Billionen Sonnen dieses Weltalls im Nichts verschwinden werden. Mit wissenschaftlich exakter Gewissheit blickt gegenwärtig der Menschengeist in den Abgrund der Gottesleere.

Stufe um Stufe haben Kopernikus, Newton und Einstein die Menschheit in den Mysterientempel des entgötterten Universums hineingeführt – in die unwiderlegbare Gottlosigkeit. Der Menschengeist springt über den Abgrund des Nicht-Seins, indem er ein freies Wesen wird.

«Es musste einmal die Zeit kommen», so Rudolf Steiner um Weihnachten 1924, «in der Kopernikus und Kepler den Weltenleib ‹berechneten›. Denn aus den kosmischen Kräften, die mit der Herbeiführung dieses Augenblickes zusammenhängen, musste das menschliche Selbstbewusstsein sich gestalten.»[72]

Tote Gedanken, abstrakte Begriffe lösen den Menschengeist aus der göttlich-wesenhaften Wirklichkeit, der er seinen Ursprung verdankt, mit seinem intellektuell bewussten Erleben heraus. Nur Totes, nur Erstorbenes umgibt den Menschen im gegenwärtigen Zeitalter, in dem die anorganische Materie zur Grundlage aller wissenschaftlich-exakten Forschung geworden ist, weshalb Darwin die gesamte Evolution auf das kausal-mechanische Wirken von Quantitäten zurückführte. Wie seit wenigen Jahrzehnten in gewaltig zunehmendem Ausmaß die molekularen Voraussetzungen der Evolution erforscht werden. Ja, der Menschengeist betrachtet sich selbst als das Ergebnis quantitativ erfassbarer Vorgänge und Tatbestände. Und da er sich auf diesem Erkenntnisweg immer neuen Sensationen und Wissensinhalten anheimgegeben sieht, wird er kaum je geneigt sein, Halt zu machen und sich zu fragen, ob er sein zu sich selbst erwachtes Geistwesen als ein Produkt bloßer kausal-mechanischer Prozesse verstehen darf, mit anderen Worten, ob er im Zeitalter der Freiheit, der Eigenverantwortlichkeit nicht längst dabei ist, in den Abgrund des Entmenschtseins hineinzustreben, hineinzusegeln. Ist doch die Sogkraft des Wissensdranges – und «Wissen ist Macht», wie Lord Francis Bacon erkannte –, ist auch die Wissens-Neugier, wie jeder andere

Gier, schlechthin unstillbar. Die Egoität mutiert zum Egoismus, der sich selbst verzehrt.

Die unantastbare Würde der freien Individualität, auf die der westliche Teil der Menschheit so gerne pocht, erweist sich als ein Damoklesschwert. Ja, mehr noch, der zu seiner Freiheit erwachte Mensch steht auf der Spitze eines Bajonetts und sicht vor sich wie hinter sich einen Abgrund. Ist die menschliche Spezies vielleicht wirklich ein Irrtum der Evolution?

Platon wollte in seinem *Staat* die trostlose soziale Zerrüttung, die ihn zeitlebens zutiefst beunruhigte, wollte die Unseligkeit der Individualisierung überwinden, indem er die uneingeschränkte Unterordnung des Einzelnen unter die Alleinherrschaft des Philosophen-Königs als einzigen Ausweg ansah und so in Wahrheit das *Urbild des freien, auf sich selbst gestellten Menschen-Ich* auszulöschen trachtete. Bis hin zu allen totalitären Mächten unserer Zeit sieht sich die freie Individualität verfolgt im Namen eines höheren Ganzen, das heilsame gemeinschaftsbildende Ordnungen erzwingen will, wie sie im Tier- und Pflanzenreich alles Geschehen bestimmen. Der eigenverantwortliche Einzelne, aus dem alle auf sich selbst bezogenen Zielsetzungen mit elementarer Intensität aufsteigen, ja, auch mit aller dämonischen Wucht, mit aller abgründigen Bosheit, – dieser zu seiner Freiheit gelangende, seine Freiheit einfordernde Mensch, ist er vielleicht am Ende, wie Platon überzeugt war, wirklich die Wurzel allen Übels? Und ist nicht letztlich eine Naturwissenschaft zu begrüßen, die das autonom scheinende Menschenwesen als ein Produkt molekularer Mechanismen begreift? Ist die Idee des freien Geistes, wie Steiner und Schiller sie erlebten, in Wahrheit eine Wahnidee, die es als eine zerstörerische Illusion zu demaskieren gilt?

Ohne Frage löst sich der zu seinem Selbstbewusstsein gelangende Mensch der Neuzeit aus dem kosmisch-natürlichen Ganzen heraus, das ihn als ein abgestorbener Makrokosmos umgibt. «Er *befreit* sich im Vorstellen von allen Kräften des Kosmos.» So Rudolf Steiner – und fügt hinzu: «Wäre es *nur* so, so leuchtete im Menschenwesen für einen kosmischen Augenblick die Freiheit auf; aber in demselben Augenblick löste sich auch die Menschenwesenheit auf.»[73] Verliert doch der Mensch «im Zeitalter der selbstbewussten Ich-Entfaltung die wahre Gestalt seiner inneren Impulse wie auch diejenige seiner Umgebung aus dem Geistesauge. Aber gerade in diesem Schweben über dem Sein der Welt erlebt der Mensch das Sein des Ich, erlebt er sich als selbstbewusstes Wesen. Über ihm der außerirdische Kosmos, unter ihm im Irdischen eine Welt, deren Wesenhaftigkeit verborgen bleibt; dazwischen die Offenbarung des freien ‹Ich›, dessen Wesenhaftigkeit im vollen Glanze der Erkenntnis und des freien Wollens erstrahlt.»[74] – «Im Wachzustande muss der Mensch, um *sich* im vollen, freien Selbstbewusstsein zu erleben, auf das Erleben der wahren Gestalt der Wirklichkeit im eigenen und im Naturdasein verzichten. Er erhebt sich aus dem Meere dieser Wirklichkeit, um in den Gedankenschatten das *eigene Ich* zum wirklich *eigenen* Erleben zu machen.»[75]

Mit seinem Freiheits-Erlebnis, das seit dem Beginn der Neuzeit zunehmend zur vollen Entfaltung gelangt, ist der Mensch als selbstbewusstes Geistwesen aus dem Naturgeschehen herausgelöst – mit Schillers Worten: die Natur hat ihn verstoßen, «oder besser, er selbst riss ab»; während alle Naturwesen in der Geborgenheit des göttlich-wesenhaften Seins verblieben sind. Dass dieses Geschehen seit Urzeiten veranlagt ist, dass es mit der «Vertreibung aus dem Garten Eden» begann und ohne die Mitwirkung widergöttlicher, luziferischer und ahrimanischer Mächte nicht vollzogen werden konnte, verweist auf eine *denkbar umfassende Zielsetzung*: Durch die Loslösung des Menschenwesens vom Willensurgrund der bisherigen Schöpfung ist das moralische Übel in die Welt gekommen, damit der zu seiner Eigenverantwortung gelangende Mensch diesem tragischen Geschehen ein *Wesenhaft-Neues* entbinde: das «Paradies der Erkenntnis und der Freiheit» (im Sinne Schillers) – das Neue Jerusalem (im Sinne der Apokalypse des Johannes). Die gesamte Evolution ist eben alles andere als eine rein mechanische, dem blinden Zufall anheimgegebene kosmische Episode, die im Nichts spurlos verschwinden wird.

Damit der Mensch sich jedoch aus der ihn umgebenden Naturwirklichkeit herauslösen konnte, musste er sich in einen erstorbenen Makrokosmos versetzt sehen, in eine gottleere Welt, die in sich selbst den Abgrund des Nichts birgt, «über den der Mensch springt, indem er ein freies Wesen wird.»[76] Was aber zugleich besagt: Im selben kosmischen Augenblick, in dem der Mensch zu seinem Freiheitserleben gelangt, droht sich seine selbstbewusste Wesenheit aufzulösen, weil sie sich nicht mehr im göttlichen Weltengrund verwurzelt erlebt. Das Ich springt über den Abgrund der Gottesleere. Dass dies alles andere als eine Abstraktion ist, wird in unserem Zeitalter zur alles bedrohenden Erfahrung. Dass der Mensch

der Gegenwart «in die geistige Welt wie in eine völlige Finsternis hinein-
starrt»[77], wird zur globalen Erfahrung.

Aristoteles kannte die Todessphäre der Materie noch nicht. In allem
Geschehen gewahrte er das Wirken entelechischer Formkräfte. In der vergänglichen sublunaren Welt walteten nach seiner Überzeugung die ziel-
gebenden göttlich-geistigen Impulse des unbewegten Bewegers, der dem
ewig in sich ruhenden Kosmos immanent war. Galilei hingegen kannte nur
noch die Todessphäre des Weltalls, die mit ihren ehernen Gesetzen auf keine göttlichen Ziele verweist, – kannte nur noch die «Gott-leergewordene
Welt»[78]. Dass die Menschheit in dieser ahrimanischen Weltschicht, die
der Vatergott schuf, ihr selbstbewusstes «Ich» entwickeln soll, um sodann
im «Geistselbst» zu höherem Bewusstsein aufzusteigen, erkannte erst
Rudolf Steiner.

Indem die Menschheit im 15. Jahrhundert die gottleere Welt betrat, sah
sie sich auf ihr seelisch-geistiges Eigenwesen zurückverwiesen. Seither sieht
sich jeder Einzelne zunehmend dazu aufgerufen, in sich selbst das Sinn-
gebende, das Zielsetzende, Entelechische aufzuspüren. Umgeben von den
unendlichen Weiten eines götterleeren Universums hat jeder Mensch in
sich selbst das Zentrum des göttlich-wesenhaften Seins zu finden – oder
er sieht sich an die Sinnlosigkeit seiner individuellen Existenz ausgeliefert,
indem er zu wissen meint, dass er rein zufällig lebt und lediglich die Mo-
leküle seines Leibes fortbestehen werden. An der Schwelle zur Neuzeit,
gegen Ende des 13. Jahrhunderts, fragte Thomas von Aquino in seiner
summa theologiae, ob es denn Gott überhaupt gibt, weil er die möglichen
Einwände überprüfen will. In der Welt, so sagt sich Thomas, gibt es das
Übel, das Böse, während in Gott keinerlei Übles zu finden ist. Nun aber
existiert fraglos diese vom Bösen durchsetzte Welt. Dem Anschein nach
kann es Gott gar nicht geben. Andererseits, so stellt Thomas im Fortgang
fest, erscheint Gott ja selber im Alten Testament als Sprechender, indem
er sich Moses zu erkennen gibt mit den Worten: «*Ich bin der Ich-bin*».[79]

Der neuzeitliche Mensch, in die entgöttlichte Welt versetzt, vernimmt
keine göttliche Stimme aus dem brennenden Dornbusch. Nur noch in sich
selbst kann er dieses «*Ich bin der Ich-bin*» erleben – nur noch in seinem
denkenden, fühlenden und handeln-wollenden Eigenwesen erfährt er das
«*Ich-bin*». Verkennt er diese Stimme, dann wird der Gottes-Urgrund in
ihm für immer verstummen. Die geistleere physische Außenwelt, in der

das Menschen-Ich sich selbst in Ewigkeit nicht finden kann, ruft die Menschenseele dazu auf, sich selbst in seinem überräumlichen, überzeitlichen Wesenszentrum geistbewusst zu erfahren. Zu dieser Selbst-Erfahrung, zu dieser Selbst-Offenbarung vermag der Mensch nur dann zu gelangen, wenn er die sein Selbst betäubende Sinnes-Offenbarung im reinen Denken für die Zeiten seiner meditativen Ich-Wahrnehmung zum Verstummen bringt im geistzugewandten Denkakt, der *alles Fühlen, alles Wollen in sich birgt.* Gelingt dies nicht, dann bleibt das intellektuelle Ich-Erlebnis – wie alles intellektualistische Treiben – ein bloßes Schattenspiel.

Dieses geistig-wesenhafte Erleben des «Ich bin der Ich-bin» ist unbegrenzt vertiefbar. Hat doch dieses Selbst seinen Quell im göttlichen Selbst, was im meditativen Erfahren der Geistes-Wirklichkeit sich gleichsam von selbst ergibt: Das Menschen-Ich findet sich Stufe um Stufe wesenhaft erweitert und vertieft im Welten-Ich.[80] Und nicht nur die Stimme Jahves kann auf diesem Wege fortwirkender Vertiefung vernommen werden. Vielmehr entfaltet sich diese Erfahrung fort und fort, indem die sieben Ich-Bin-Worte des Johannesevangeliums im eigenen Ichzentrum aufleben. Auf diesem Wege spiritueller Versenkung in das im reinen Denken verankerte Erleben erwacht im Menschen-Ich die Zukunftskraft des Geistselbstes. Das zu seiner Freiheits-Erfahrung gelangende Wesen des Menschen erhebt sich durch die Erlösungstat des Christus-Logos aus dem Weltengrabe, dem gottleeren Makrokosmos. Die alles organische Geschehen durchströmenden Mysterien des Lebens, die alles seelische Wesen und Werden erfüllenden göttlich-geistigen Hierarchien werden auf diesem zukunftsgemäßen Erkenntniswege zunehmend erfahrbar. Ist der anthroposophische orientierte Erkenntnisweg ja dadurch von Rudolf Steiner erschlossen worden, dass er «in innerster ernstester Erkenntnis-Feier»[81] die unerlöste menschliche Vernunft, der wir unser freies Selbstbewusstsein verdanken, mit dem Mysterium von Golgatha verbunden hat. Können wir doch nur durch den *Christus in uns* die geistige Welt, aus der wir uns seit der sokratischen Zeit mehr und mehr herausgelöst haben, wiederum erleben lernen. War Kant daran verzweifelt, dass er keine Möglichkeit sah, jemals die reine Vernunft zum Organ der Gotteserkenntnis machen zu können, weshalb er nur noch dem Glauben an Gott, Freiheit und Unsterblichkeit vertraute, so konnte Rudolf Steiner, im Mai 1920, bekunden, dass das Erlösungsprinzip gefunden werden kann für die dem Menschen zu seiner Freiheits-Erfahrung verliehene Vernunft: «Die erlöste menschliche Vernunft, die das wirkliche Verhältnis zu Christus hat, die dringt ein in die geistige Welt.

Eindringen in die geistige Welt von diesem Gesichtspunkte aus ist Christentum des 20. Jahrhunderts, ist Christentum so stark, dass es in die innersten Fasern desjenigen hineindringt, was menschliches Denken, was menschliches Seelenleben ist.»[82]

Die gesamte Entwicklung des philosophischen Denkens seit dem 6. vorchristlichen Jahrhundert diente der Herauslösung des Menschengeistes aus dem göttlich-geistigen Erleben der Vorwelt, in der die Gedanken zugleich mit den traumartigen Imaginationen, Inspirationen und Intuitionen aufgeleuchtet waren. Indem das menschliche Gedankenleben mehr und mehr aus der atavistischen Schau herausgelöst wurde und zunehmend in Abstraktionen überging, aus denen alles geistige, seelische, lebendige Anschauen herausgepresst war, wurde dieses reine Denken zur Grundlage der Freiheits-Erfahrung des Menschen, die am Beginn des 15. Jahrhunderts dadurch besiegelt wurde, dass die Wesen der ersten Hierarchie, die Seraphim, Cherubim und Throne, die kosmische Intelligenz in menschliche Intelligenz verwandelten, indem sie dieselbe in die Todessphäre des physischen Menschenleibes versenkten, wodurch zugleich der gottleere Makrokosmos den seelisch-geistigen Menschen aus allen übersinnlichen Wirklichkeiten herauslöste. Mit anderen Worten, der zu seiner Freiheit gelangende Menschengeist verdankt den höchsten hierarchischen Wesenheiten seine Eigenintelligenz, die zugleich die Keimkraft seines zukünftigen Werdens als zehnte Hierarchie in sich birgt – jene göttlich-wesenhafte Keimkraft, die im Gleichnis vom Sämann in den Acker dieser Welt gelangt ist, um am Ende der Zeiten hundertfältig, sechzigfältig, dreißigfältig *Frucht* zu tragen oder aber zugrunde zu gehen.

Besteht die Menschheits-Tragödie ja letztendlich darin, dass der Mensch in seiner selbstbewussten Ich-Entfaltung die wahre Gestalt seiner inneren Impulse wie die seiner Umgebung aus dem Blick verliert, um sein Ich, sein selbstbewusstes Wesen in Freiheit erleben zu können – oder auf diesem Prüfungsweg zu scheitern. Wird doch die Offenbarung des freien Ich-Erlebens erkauft mit der Herauslösung des Menschen aus dem göttlich-geistigen Weltengrund. Die *Keimlegung* der *zehnten Hierarchie*, des Geistwesens der Freiheit und der Liebe, erweist sich als ein beispielloses Geschehen.

Kennen doch alle anderen hierarchischen Mächte diese Freiheit als Quell des eigenständigen Schöpfertums nicht.

In seiner Schrift über «Philosophie und Anthroposophie» hat Rudolf Steiner 1918 differenziert aufgezeigt, wie der Mensch im reinen Denken den Begriff des «Ich» erfährt. «Das Ich», heißt es da, «lebt in sich, indem es seinen reinen Begriff hervorbringt und im Begriff als Realität leben kann.»[83] Das Ich als übersinnlich-wesenhaftes Sein bringt im Denkakt ein begriffliches Spiegelbild seiner selbst hervor. Setzt der Mensch «da ein und befruchtet er sein Denken so, dass dieses Denken von da aus wiederum aus sich herauskommt, dann ergreift er die Dinge von innen» – ergreift er sie in ihrem geistig wesenhaften Sein. Verfolgt man diesen Weg weiter, «so wird man schon finden, dass man von da aus in die Anthroposophie hineinkommen muss.» Wer dagegen Begriffe nur als Abstraktionen kennt, lebt in Leichnamen der geistigen Wirklichkeit, ohne je zur spirituellen Realität durchdringen zu können. Er kann «niemals den einzigen Punkt erfassen, wo er archetypisch schöpferisch ist» – *im Ich bin der Ich-bin*. Indem man im reinen Denken das Ich als Erlebnis erfährt, «lernt man kennen, was volle Wirklichkeit ist.» «Dies versucht die Anthroposophie. Sie bleibt nicht bei dem Erlebnis des gewöhnlichen Bewusstseins stehen. Sie strebt nach einer Wirklichkeitsforschung, die mit einem verwandelten Bewusstsein arbeitet. Das gewöhnliche Bewusstsein schaltet sie mit Ausnahme des im reinen Denken erlebten Ich für die Zwecke ihrer Forschung aus.» Auf diesem Erkenntniswege wird eine Steigerung des Bewusstseins erlangt, die frei ist von allen krankhaften Formen des Seelenlebens wie visionären und mediumistischen psychischen Zuständen. «Denn diese Formen beruhen auf einer Herabstimmung des Seelenlebens unter die Sphäre, in welcher das logisch klare Denken wirkt; die anthroposophische Forschung führt aber *über* diese Sphäre in das Geistige hinauf ... und erkraftet das Seelenleben so, dass dieses ohne den Organismus im Bereich des Übersinnlichen sich betätigen kann.»[84] «Was für das gewöhnliche Bewusstsein erreichbar ist, hängt von der Menschheitsorganisation ab, die im Tode zerfällt. Deshalb ist es begreiflich, dass die Erkenntnis dieses Bewusstseins von dem Übersinnlichen, dem Ewigen in der Menschennatur nichts wissen kann.»[85]

In der Weltschicht, in der das gewöhnliche Gegenstandsbewusstsein lebt, ist das dem Menschen verwandte Götterwirken erstorben. Wohl ist die Natur das Werk der göttlichen Schöpfermächte und die abbildliche

Offenbarung ihres urbildlichen Wirkens. Der Mensch aber «lebt als Gott-durchdrungenes Wesen in einer nicht Gott-durchdrungenen Welt.» So Rudolf Steiner am 25. Oktober 1924. «In diese Gott-leergewordene Welt wird der Mensch hineintragen, was in ihm ist, das, zu dem *seine* Wesenheit in diesem Zeitalter geworden ist.

Menschheit wird sich hineinentfalten in eine Welt-Entwickelung. Das Göttlich-Geistige, dem der Mensch entstammt, kann als kosmisch sich ausbreitende Menschenwesenheit durchleuchten den Kosmos, der nur noch in dem Abbild des Göttlich-Geistigen vorhanden ist.

Nicht mehr dieselbe Wesenheit, die einst als Kosmos war, wird da durch die Menschheit aufleuchten. Das Göttlich-Geistige wird im Durchgang durch das Menschentum ein Wesen erleben, das es vorher nicht offenbar-te.»[86]

Dieser Zukunftsquell entströmt dem Mysterium von Golgatha, das sich zur Entwicklung der zehnten Hierarchie, des Geistes der Freiheit und der Liebe, mit dem Schicksalsgang der Menschheit verbunden hat. Verbin-det sich die selbstverantwortliche Individualität ihrerseits nicht in ihrem freien Denk-Willen mit dem Christus, dann wird ihr Freiheitsdrang sie in den Abgrund der Selbstvernichtung führen. «So hat die Menschheit die zweifache Möglichkeit, die die Gewähr ihrer Freiheit ist: zu Christus sich wenden in der Geistgesinnung, ... oder sich erfühlen wollen in der Losge-löstheit von diesem Geistdasein und damit verfallen in die Orientierung, die die ahrimanischen Mächte nehmen.»[87]

Untergang und Aufgang

Indem der gegenwärtige Makrokosmos erstorben, an ein Ende seiner bisherigen Entwicklung gelangt ist, der Mensch aber, in seiner Verbindung mit dem Christuswesen, alle Zukunftskeime in sich birgt, ist er als die *zehnte Hierarchie*, als Geist der Freiheit und der Liebe «*Götterideal und Götterziel*». Wie embryonal, ja, wie bedroht sein gegenwärtig anschaubares Wesen und Werden gleich erscheinen mag, so eindringlich hat die bewusste Ausgestaltung des Menschen-Ich begonnen, seitdem sich das bildlose Denken in Griechenland entfalten und mit Aristoteles seinen ersten Zenit erreichen konnte. Dass diese Ich-Keime sich nunmehr aber nicht nur im Geisteslicht der Christussonne fort und fort entwickeln und ausreifen, sondern auch der Gefährdung und dem Verfall anheimfallen können, ist Ausdruck der Tragödie der Freiheit. Könnte der Mensch sich nicht zwischen dem Christus und den Widermächten entscheiden, würde das Mysterium der zehnten Hierarchie sich nicht verwirklichen können, das alle abgründigen Schrecknisse der Apokalypse beinhalten muss.

In den *Leitsätzen* betrachtet Rudolf Steiner zu Weihnachten 1924 den Zeitpunkt in der Welten- und Menschheitsentwicklung, als «der göttlich-geistige Logos, Christus, für die Menschheit sein kosmisches Schicksal mit der Erde verband.» Steiner zeigt, wie der Jahresrhythmus als eine Art «Auferstehung» und erneuter Niederstieg eines göttlichen Wesens, der Persephone, erlebt werden kann, der «jährlich in rhythmischer Folge» sich vollzieht. Erfolgt doch alles Geschehen in der belebten Natur in Zeitenrhythmen. «Diesem Ereignis, das als kosmisches auf Erden geschieht, steht gegenüber der Niederstieg des Logos für die Menschheit. ... Es geschieht das einmal während der Entwickelung der Menschheit. Denn *diese* Entwickelung ist nur *ein* Glied in einem gigantischen Weltenrhythmus, in dem die Menschheit vor ihrem Mensch-Sein etwas ganz anderes als Menschheit war und nach demselben etwas ganz anderes sein wird, während ja das Pflanzenleben in kurzen Rhythmen *als solches* sich wiederholt.»[88]

Vom Saturnzustand unserer Erde bis zu ihrem vulkanischen Ende vollzieht sich ein denkbar umfassendes Schöpfungsgeschehen. Am Anfang beginnt die Entwicklung des physischen Leibes, die von Mechanismen bestimmt ist. Während der Sonnenzeit beginnt die Ausbildung des Ätherleibes, der in Metamorphosen lebt. In der alten Mondenzeit wird der Astralleib, der Träger aller Emotionen, als neues Wesensglied veranlagt. In der eigentlichen Erdenzeit beginnt die Ausbildung des Ich. In der Zukunft, auf dem Jupiter, gelangt das Geistselbst zur Entfaltung. Dem folgt die Venusstufe der Erde, die zur Ausbildung des Lebensgeistes führt. Zuletzt, in der Vulkanzeit, offenbart sich der Geistesmensch, der den physischen Leib als seinen Träger vergeistigt.

Diese Gesamtevolution bezeichnet Rudolf Steiner als einen «*gigantischen Weltenrhythmus*», in dessen Mittelpunkt sich das Mysterium von Golgatha als ein *einmaliges* Geschehen vollzogen hat. Mahnend fügt Steiner hinzu, dass es im gegenwärtigen Zeitalter der Bewusstseinsseele erforderlich ist, sich zu vergegenwärtigen, wie die griechisch-römische Kulturepoche nur dadurch von «der Loslösung von ihren göttlich-geistigen Wesenheiten bewahrt bleiben» konnte, dass «die während des irdischen Daseins vom Irdischen lebende Organisation der Verstandes- und Gemütsseele auch *im* Irdischen» den Christus-Logos erleben konnte. Müßte doch im Zeitalter der Bewusstseinsseele «eine völlige *Verdunkelung* der Geisteswelt für den Menschen in seinem Bewusstsein eintreten, wenn nicht die Bewusstseinsseele sich so weit erkraften könnte, dass sie zu ihrem göttlich-geistigen Ursprung in Einsicht zurückblickte. Kann sie das aber, so findet sie den Weltenlogos als die Wesenheit, die sie zurückführen kann. Sie durchdringt sich mit dem gewaltigen Bilde, das offenbart, was auf Golgatha geschehen ist.»[89]

In dem Vortragszyklus *Die Evolution vom Gesichtspunkte des Wahrhaftigen* hat Rudolf Steiner 1911 entscheidende Einblicke gegeben in die Beschaffenheit der alten Saturn-, Sonnen- und Mondenzeit und in das Wesen unserer gegenwärtigen Erde, wie sie sich der hellseherischen Erkenntnis ergeben. Steiner veranschaulicht, «wie hinter allem Materiell-Stofflichen unserer Welterscheinungen Geistiges zu suchen ist.» Insbesondere aber gibt der Geistesforscher entscheidende Einblicke in den Ursprung der Freiheit des Willens, der Willkür, die ohne widerstreitende hierarchische Mächte unvorstellbar wäre. Steiner zeigt, «dass wir nicht bei den sogenannten bösen Wesenheiten den Grund des Bösen zu suchen haben, sondern bei den *guten* Wesenheiten», ja, dass «die menschliche Freiheit nicht ohne das Böse» denkbar wäre. «Wie zum Dreieck drei Ecken gehören, so gehört zur Freiheit die Möglichkeit des Bösen»[90].

Im fünften Vortrag, mit dem der Zyklus schließt, wird das wahre Wesen der gegenwärtigen Entwicklungsstufe unserer Erde anschaubar. Wie der menschliche Leichnam eine Substanzialität darstellt, «die mit dem Moment des Todes ausgeschlossen ist von Ich, Astralleib und Ätherleib, die entfremdet ist demjenigen, innerhalb dessen sie nur einen eigentlichen Sinn hat», so ist auch im Makrokosmos der Tod «Ausgeschlossenwerden irgendeiner Weltensubstanz, irgendeiner Weltenwesenheit von ihrem eigentlichen Sinn.» So verstanden kann nur das Element der Erde der Träger des Todes sein – «das, worin der Tod sich darstellt, sich auslebt, das ist das Element der Erde.»[91] «Daher ist der Tod innerhalb der Maja das einzig Wahrhaftige.»[92] Der physische Plan, auf dem sich der Mensch sein Ich-Bewusstsein zu holen hat, sein Freiheits-Erlebnis erlangt, ist die Todessphäre der Welt. Nur hier kann der Mensch seine Eigenintelligenz, seine Intellektualität ausbilden – die Grundlage seiner Entwicklung zur zehnten Hierarchie.

Indem sich der Christus-Logos auf Golgatha mit der Seinsschicht des Todes, mit dem erstorbenen Makrokosmos durch sein Gottesopfer verband und dem Tode den neuen Lebensquell entband, beginnt die der Todesmacht entbundene Eigenintelligenz des Menschen neu belebt zu werden. Nur deshalb auch ist Anthroposophie «ein Erkenntnisweg, der das Geistige im Menschenwesen zum Geistigen im Weltenall führen möchte.»[93] Ist doch eine Neubelebung des menschlichen Intellektes im Zeitalter der Bewusstseinsseele auf keinem anderen Wege zu erlangen. In den Willenstiefen seines Ich muss sich der Mensch *in Freiheit* mit dem Christuswesen verbinden, um in seinem reinen Denken nicht den Widersachermächten zu verfallen. «In der kosmischen Gegenwart», so war bereits zu hören, «nimmt der Mensch mit seinen ihn befreienden Gedankenkräften an dem erstorbenen, mit seinen ihm ihrem Wesen nach verborgenen Willenskräften an dem im Erdenwesen keimenden, neu auflebenden Makrokosmos teil.»[94]

Vom alten Saturn bis zur Erde hat sich ein vatergöttliches Schöpfungsgeschehen vollzogen, das seinen Endpunkt erreicht hat. In der mineralischen, pflanzlichen und tierischen Wirklichkeit waltet eine unauslotbare Welten-Weisheit, die in ihrem natürlichen Abglanz amoralisch ist. Weshalb die moderne Naturwissenschaft mit vollem Recht weder bei Pflanzen noch bei Tieren auf ein ethisches Verhalten trifft. Die Natur kennt nur außermoralisch handelnde Wesen – ist moralisch indifferent. Aber diese Schöpfung hat ihren Abschluss gefunden. Der erstorbene Makrokosmos ist gegenwärtig ein Weltenleichnam, in dem die Menschheit der Neuzeit nur noch tote Mechanismen vorfindet. Das Weltall ist eine Maschine, ein Uhrwerk, ganz in der Art, wie Kepler das eindringlich beschrieben hat.

Während die luziferischen Mächte im Menschen ein schrankenloses Verlangen nach Freiheit entfachen möchten, ist Ahriman von dem gierigen Begehren beherrscht, alles in Freiheit sich Entwickelnde im Keim zu ersticken. «Ahrimans Streben geht dahin, aus dem, was er von der Erde in den Weltenraum strömen lässt, eine kosmische Maschine zu machen. Sein Ideal ist ‹einzig und allein› ‹Maß, Zahl und Gewicht›. Er wurde in den der Menschenentwickelung dienenden Kosmos hereingerufen, weil ‹Maß, Zahl und Gewicht›, sein Gebiet, entfaltet werden musste.» [95]

In dem Schulungsbuch *Wie erlangt man Erkenntnisse der höheren Welten?* hat Rudolf Steiner weitere bedeutsame Einblicke gegeben in das Mysterium magnum – den «gigantischen Weltenrhythmus» vom Beginn des Saturn bis zum Ende des Vulkan. Hatte der Vatergott sein Werk mit dem Ersterben des Makrokosmos zum Abschluss gebracht, so hatte sich der Sohnesgott mit dem Weltenleichnam auf Golgatha verbunden, damit ein «neuer Himmel und eine neue Erde» erstehen kann – die zehnte Hierarchie vom Jupiter zum Vulkan sich zu entfalten vermag, die Geistwesenheit der Freiheit und der Liebe ersteht. Weshalb der Christus sagen konnte: «Niemand kommt zum Vater denn durch mich»; wie niemand zu dem Christus kommen kann, «es sei ihm denn durch den Vater gegeben.»

Im erwähnten Schulungsbuch blickt Steiner auf diese umfassendsten Inhalte, indem er zeigt, in welcher Weise die gegenwärtige Welt der «Keimboden für eine höhere» ist. Steiner schaut hin auf eine Vergangenheit, in der diese sinnlich-wahrnehmbare Welt noch nicht war, und in eine Zukunft, in der sie nicht mehr sein wird. Dabei ist es von entscheidender Bedeutung, dass die einstige übersinnliche Welt den Durchgang durch die sinnliche «*brauchte*». Bedeutsamst fügt Rudolf Steiner hinzu: «Ihre Weiterentwickelung wäre ohne diesen Durchgang nicht möglich gewesen. Erst wenn sich innerhalb des sinnlichen Reiches Wesen entwickelt haben werden mit entsprechenden Fähigkeiten, kann die übersinnliche wieder ihren Fortgang nehmen. Und diese Wesenheiten sind die Menschen. Diese sind somit, so wie sie jetzt leben, einer unvollkommenen Stufe des geistigen Daseins entsprungen und werden selbst innerhalb derselben zu derjenigen Vollkommenheit geführt, durch die sie dann tauglich sein werden zur Weiterarbeit an der höheren Welt. – Und hier knüpft der Ausblick in die Zukunft an. Er weist auf eine höhere Stufe der übersinnlichen Welt. In dieser werden die Früchte sein, die in der sinnlichen ausgebildet werden. Die letztere als solche wird überwunden; ihre Ergebnisse aber einer höheren einverleibt sein.»[96]

In der Paradieseslegende des Alten Testamentes ist der erzieherische Blick auf den Menschen gerichtet, der aus der geistigen Welt vertrieben wird, den Todesacker bestellen muss und selber den Todesmächten anheimgegeben ist, weil er unerlaubt oder wider den Rat Gottes vom Baum der Erkenntnis gegessen hat, der Erkenntnis des Guten und Bösen, und demzufolge den Tod schmecken musste. Dass Gott selbst in diesen seinen Garten die Schlange, die listige Macht des Widergöttlichen, gesetzt hat, wird stillschweigend vorausgesetzt.

Wie gegen Ende des 18. Jahrhunderts Schiller diesen sogenannten Sündenfall sodann geisteskühn neu gedeutet hat, wurde bereits erwähnt: Durch den Menschen soll dem Übel, das er in die Welt gebracht hat, ein Paradies der Erkenntnis, der Freiheit und der Liebe entbunden werden – ein moralischer Kosmos soll entstehen.

Steiners entscheidend vertiefter Einblick in die mysterientiefe Evolution offenbart, dass die gegenwärtige sinnliche Welt der Keimboden ist für eine höhere übersinnliche Welt, nachdem die vormalige an ihren Endpunkt gelangt war. «Der Tod,» so Steiner, «ist nämlich nichts anderes als der Ausdruck dafür, dass die einstige übersinnliche Welt an einem Punkte angekommen war, von dem aus sie durch sich selbst nicht weitergehen konnte. Ein allgemeiner Tod wäre notwendig für sie gewesen, wenn sie nicht einen neuen Lebenseinschlag erhalten hätte.»[97] Und dieser neue Schöpfungsimpuls gelangt in der Menschheits-Evolution zu seiner Offenbarung: Im Erden-Menschheitsgang beginnt die embryonale Entwicklung der zehnten Hierarchie, in der sich das Götterideal und Götterziel entfalten wird, das zugleich eine höhere Seinsstufe der zukünftigen übersinnlichen Welt beinhaltet.

Im Erdenmenschen vollzieht sich demzufolge ein Kampf des neuen

Lebenseinschlags gegen den allgemeinen Tod. «Aus den Resten einer absterbenden, in sich erstarrenden Welt erblühten die Keime einer neuen. ... Die absterbenden Teile der alten Welt haften noch den neuen Lebenskeimen an, die ja aus ihnen hervorgegangen sind. Den deutlichsten Ausdruck findet das eben im Menschen. Er trägt als seine Hülle an sich, was sich aus jener alten Welt erhalten hat; und innerhalb dieser Hülle bildet sich der Keim jenes Wesens aus, das zukünftig leben wird. Er ist ein Doppelwesen, ein sterbliches und ein unsterbliches. Das Sterbliche ist in seinem End-, das Unsterbliche in seinem Anfangszustand. Aber erst *innerhalb* dieser Doppelwelt, die ihren Ausdruck in dem Sinnlich-Physischen findet, eignet er sich die Fähigkeiten dazu an, die Welt der Unsterblichkeit zuzuführen. Ja, seine Aufgabe ist, aus dem Sterblichen selber die Früchte für das Unsterbliche herauszuholen. ... So geht des Menschen Weg vom Tode zum Leben.»[98]

Im Schicksalsgang des *von der Geburt zum Tode* führenden Erdenmenschen waltet der Vatergott, «der eben anzuerkennen ist zwar als eins mit dem Christus, aber eben als derjenige Aspekt der Dreieinigkeit, der gewirkt hat, bis die Erde sich gebildet hat, während der eigentliche Regent der Erde der Christus, der Logos ist.»[99] Indem er sich durch seine Inkarnation mit dem Weltenleichnam der bis zum Saturn zurückreichenden Vergangenheit verband, führt der Christus die Menschheit nunmehr vom Tode zum Leben – entbindet dem Weltenuntergang die zehnte Hierarchie, die er am Ende der Zukunftsentwicklung dem vatergöttlichen Urgrund anheimgibt.

Die vatergöttliche Schöpfung findet ihre Offenbarung in der Natur, in der alles Geschehen urbildlich-weisheitsvoll gestaltet ist, Selbstaufopferung und Selbstsucht jedoch identisch sind; ist doch aller Altruismus, alles ökologische Miteinander in der Pflanzen- und Tierwelt stets – jenseits von gut und böse. Die sohnesgöttliche Schöpfung hingegen entfaltet sich in der *Freiheit der Individualität*, die im Entscheidungskampf zwischen gut und böse zur wahren Selbstlosigkeit, zur Liebe sich emporringt. Im freien Menschen-Ich soll sich der Zukunftskeim des «Kosmos der Liebe» entfalten, der aus dem «Kosmos der Weisheit» herauswächst. «Wie sich die vorher gebildete Weisheit in den Kräften der sinnlichen Außenwelt der Erde, in den gegenwärtigen ‹Naturkräften› offenbart, so wird sich in Zukunft die Liebe selbst in allen Erscheinungen als neue Naturkraft offenbaren. Das ist das Geheimnis aller Entwickelung in die Zukunft hinein: dass die Erkenntnis, dass auch alles, was der Mensch vollbringt aus dem wahren Verständnis der Entwickelung heraus, eine *Aussaat* ist, die als *Liebe* reifen muss.»[100]

Und so gilt es denn, allen widerstreitenden Mächten und Gewalten trotzend, die selbstbestimmte Individualität weiter und weiter auszugestalten, indem sie sich in geistbewusster Freiheit mit dem Christus-Logos verbindet. Soll doch der Mensch die Freiheit in die Welt bringen «und mit der Freiheit erst dasjenige, was man im wahrsten Sinne des Wortes Liebe nennt. Denn ohne Freiheit ist Liebe unmöglich. Ein Wesen, welches unbedingt einem Impuls folgen muss, folgt ihm eben; ein Wesen, das auch anders handeln kann, für dieses gibt es nur eine Kraft, um zu folgen: die Liebe. Freiheit und Liebe sind zwei Pole, die zusammengehören. Sollte daher in unserem Kosmos die Liebe einziehen, so konnte das nur geschehen durch die Freiheit, das heißt durch Luzifer und seinen Besieger, und zu gleicher Zeit durch des Menschen Erlöser, durch den Christus. Daher ist die Erde der Kosmos der Liebe und der Freiheit». Im Menschen wird «eine Hierarchie heranreifen, die die eigenen Aufträge ausführt. Durch die Jupiter-, Venus und Vulkanentwickelung hindurch wird der Mensch heranreifen zum Ausführen seiner eigenen Impulse. Wenn es auch heute noch nicht so weit ist, er wird dazu heranreifen.» «Nach den Erzengeln und Engeln ... wird anzureihen sein der Reihe der Hierarchien der Geist der Freiheit oder der Geist der Liebe, und das ist, von oben angefangen, die zehnte der Hierarchien, die allerdings in Entwickelung begriffen ist, aber sie gehört zu den geistigen Hierarchien.»[101]

II

VOM AMORALISCHEN

ZUM MORALISCHEN KOSMOS

Der Sinn des Bösen

Zutiefst verzweifelt hat Augustinus gerungen mit dem Satanisch-Bösen, das seine Seele wieder und wieder zu überwältigen drohte. Zerrissen zwischen Gottessehnsucht und Lebensgier, wusste er viele Jahre hindurch nicht ein noch aus. Wie Goethes Faust hätte er ausrufen können:

> Zwei Seelen wohnen, ach! in meiner Brust,
> Die eine will sich von der andern trennen:
> Die eine hält mit derber Liebeslust
> Sich an die Welt mit klammernden Organen;
> Die andre hebt gewaltsam sich vom Dust
> Zu den Gefilden hoher Ahnen.[102]

Faustische Verzweiflung durchbebte Augustinus. Rücksichtslos gegen sich selbst, schildert er in seinen *Bekenntnissen*, wie er gefesselt war an unstillbare Begierdenglut und gleichzeitig inbrünstig nach Erlösung verlangte, als besäße er zwei Willen, die sich unablässig bekämpften. Er versteckte sich, wie er voller Scham gesteht, hinter seinem eigenen Rücken, um nicht sehen zu müssen, wie häßlich er war, «wie verkrüppelt und schmutzig, voll Sudel und Geschwür.»[103] Zu gleicher Zeit schien ihm alles Geistige nichtig, mehr noch, das reine Nichts. Alles Räumliche dagegen, alles Messbare, Zählbare, Wägbare betrachtete er als die einzige unbezweifelbare Wirklichkeit, die ihn wie ein lichtloses Gefängnis umschloss.

Währenddessen aber fragte sich der Gottsuchende unablässig, was denn eigentlich das Böse sei. Ist es ein Wesen, das seinen eigenen Willen hat, der sich Gott «entwindet ins Nichtige hinab, ‹sein Herz hinauswirft› und weltfeist ins Äußere bläht»[104]? Ins gottleere, seelenlose, herzlose Außen vertrieben, nichts als Staub und Asche, suchte Augustinus den Weg ins Innere und quälte sich mit der Frage nach dem Ursprung des Bösen: «Was ist seine Wurzel, was sein Keim? ... Woher das Übel? War ein böser Urstoff»? Warum hatte Gott die Materie nicht mit seinem Willen durchdrungen? «Oder konnte sie sich gar gegen seinen Willen bilden? Oder wenn sie von Ewigkeit schon war, warum hat er sie ... so gelassen und sich so spät erst entschlossen, etwas daraus zu machen? Oder wenn er schon mit einem Male den Willen hatte, etwas zu wirken, so hätte er in seiner Allmacht doch eher bewirken sollen, dass die böse Materie verschwinde und also er allein da wäre, ganz und gar das wahre und das höchste und das unendliche Gut.»[105] Besser wäre es freilich gewesen, Gott hätte das Böse, diesen Ursprung allen Übels der Welt, gar nicht zugelassen. Denn dass es der Allmächtige nicht selbst hervorgebracht hatte, meinte Augustinus zu wissen.

Woher das Böse kam und *welchen Sinn* es haben mochte, suchte Augustinus nicht zu ergründen. Wie auch niemand vor ihm danach gefragt hatte. Plotin, dem der Kirchenvater viel verdankte, betrachtete das Böse als ein Nichtseiendes und zugleich Gefährlich-Eigenmächtiges. Aristoteles hinwider, dem Augustinus nichts abgewann – was sagten schon die zehn Kategorien über den zeit- und raumlosen Gott aus? –, nahm die Realität des Bösen nüchtern zur Kenntnis. Und Platon? Bei Erschaffung der Abbilder-Welt hatte der Demiurg den zu formenden Stoff *vorgefunden*.

Augustinus war ratlos, war in sich zerrissen: ein Chaos brodelte in ihm. Zehn Jahre lang hatte er sich als Manichäer dem Glauben hingegeben, dass zwei Mächte, Licht und Finsternis, ewig miteinander kämpften. Dann hatte er die Manichäer, wie er sie verstand, aufs heftigste bekämpft und war zum radikalen Skeptiker geworden. Aber stets durchflammten alle ungelösten Fragen wie züngelnde Dämonen seine Seele, bis er, in christlicher Tönung, Plotins Philosophie begegnete und sich dreiunddreißigjährig am Karsamstag des Jahres 387 in Mailand taufen ließ, um zuletzt als Bischof in Hippo bei Karthago zu bekennen: «Ich würde dem Evangelium keinen Glauben schenken, wenn mich nicht die Autorität der katholischen Kirche dazu bewegte.»[106] Weiter aber brannte die Frage nach dem Wesen des Bösen in seiner Seele, bis er in seinem *Gottesstaat* erklärte, die ganze Geschichte der Menschheit sei ein Kampf der civitas dei gegen die civitas terrena oder diaboli. Beim Weltende aber würde sich, so war der Kirchenvater sicher, die allem Irdischen entbundene Kirche in den Leib Christi verwandeln.

Da Augustinus von der Prädestination überzeugt war, von der Vorherbestimmung jeder Seele zum ewigen Heil oder zur ewigen Verdammnis, blieb kein Raum für die *Selbstverantwortung* des Menschen, für seine *moralische Freiheit* – war er doch nur eine Marionette. Und so blieb das Rätsel des Bösen ungelöst.

Gleichwohl wurde die Angst vor dem Höllenfeuer im Mittelalter zu einem irrationalen Gespenst, unterschwellig begleitet von lähmendem Fatalismus. War doch alles eigene Streben ein sinnloses Unterfangen. Die Macht des Höllenfürsten bedrückte und beschwerte das gläubige Gemüt der Christen in der Folgezeit.

Vormals, in den Zeiten mythischen Erlebens, glichen dämonische Mächte Naturgewalten, die keine moralischen Wesenszüge besaßen. Der Untergang der nordischen Götter, Ragnarök, glich einer schaurigen Naturkatastrophe. Götterwesen wie Loki und Udgardloki, der Fenriswolf und die Midgardschlange waren Gestalten in einem Götterdrama, das wie ein elementares Verhängnis hereinbrach. An einen tieferen Sinn des Geschehens war kaum zu denken.

Auch die gewaltigen Bild-Erlebnisse der alten Ägypter, soweit wir von ihnen wissen, bewegen uns zwar in ihrer Einzigartigkeit und Geheimnistiefe, deuten aber keineswegs auf einen verborgenen Sinn des Wirkens der bösen Mächte. Mehr noch, diese Wesen sind naturgegebene Widersacher des Re, Widersacher der göttlichen Ordnung, des Sonnenlaufs, des nachtodlichen Fortbestehens. Ja, überall bedrohen die verschiedengestaltigsten Götterfeinde die Maat, die Tochter des Re. Seth ermordet seinen Bruder Osiris und zerstückelt dessen Leichnam. Und Re in seinem Sonnenschiff wird von einer Nachtstunde zur andern in der Unterwelt von unheimlichen Feinden angegriffen, vor allem von dem schaurigsten Gegner, dem augenlosen Apophis, der gewaltigen Schlange, die aus Finsternistiefen heraufsteigt. Und so wird jeder Sonnenaufgang zum Urgeschehen, zum Sieg des Lichtes über die abgründige Nacht.

Im 175. Spruch des Totenbuchs, der die Seele des Verstorbenen vor dem zweiten Tod, der ihr droht, bewahren soll, – um «nicht noch einmal zu sterben im Totenreich», wird der Gott Thot von Atum, dem Urgott, sorgenvoll gefragt, was mit den Kindern der Nut geschehen soll. Haben sie doch Streit angefangen und Aufruhr erregt, Unrecht begangen und Empörung verursacht, dazu alles Große, was Atum erschaffen hat, verdorben. Thot bittet darauf den höchsten Gott, das üble Geschehen nicht zu dulden und alle Frevler zu vernichten. Darauf wendet sich Osiris an Atum, weil er nicht weiß, was er tun soll, da die Wüste des Totenreichs kein Wasser und keine Luft hat, ja, ganz finster und unendlich tief ist. Im Fortgang mündet der Dialog in die erschütternden Worte Atums, die er an Osiris richtet:

Du wirst Millionen und Abermillionen (von Jahren verbringen),
eine Zeit von Millionen (Jahren).
Ich aber werde alles, was ich geschaffen habe, zerstören.
Diese Welt wird wieder in das Urgewässer zurückkehren,
in die Urflut, wie bei ihrem Anbeginn.
(Nur) ich bin es, der übrigbleibt, zusammen mit Osiris,
nachdem ich mich wieder in andere Schlangen verwandelt habe,
welche die Menschen nicht kennen und die Götter nicht sehen.[107]

Der alte Ägypter konnte erfahren: Diese Jahrmillionen umfassende
Schöpfung wird ihr Ende finden – und alle Menschen, alle Götter wer-
den vernichtet sein außer Atum und Osiris. Während Aristoteles tausend
Jahre später behaupten wird, die Welt sei ewig, blickt der Ägypter in den
Abgrund der Vernichtung dieser Welt, aus der Atum ewig neue Welten
hervorgehen lässt.

In traumhaften Schauungen erschienen allen uns bekannten Völkern
und Kulturen der Vergangenheit böse, tückische, abgründige Mächte und
Gewalten. Die Inder vor allem erlebten und erleben bis heute eine unermessliche Schar von Geistern und Göttern, die vielgestaltig mitwirken an
dem magischen Geschehen, in das sich der Mensch verwoben und ver-
strickt sieht. Die Upanishaden, die Bhagavadgita und die Lehren Buddhas,
des Erhabenen, machen die Übel dieser Welt, des Samsara, unermüdlich
bewusst – wissen um den unstillbaren Durst nach Dasein, um alles Leiden,
alle Verirrungen des Leibes und der Seele, die uns Menschen heimsuchen;
und alle diese Weisheitslehren zeigen Wege auf aus dem düster-dämoni-
schen Treiben, dem es zu entrinnen gilt. Der Sinn des Geschehens, der
Verstrickung in das Böse, aber bleibt verborgen.

Selbst das mythische Verhängnis im Garten Eden lässt die arglistige
Schlange als ein *Geschöpf Gottes* erscheinen. Jahve Elohim weiß um das
ganze Ausmaß der Gefahr, die den ersten Menschen droht, während er
ihnen gebietet, nicht vom Baum der Erkenntnis des Guten und Bösen zu
essen, um nicht den Tod erleiden zu müssen. Adam und Eva aber kennen
den Tod, kennen des Böse nicht. Und so vertraut Eva der Schlange mehr
als Gott, indem diese ihr versichert: «Ihr werdet keineswegs des Todes
sterben, sondern Gott weiß: an dem Tage, da ihr davon esset, werden
eure Augen aufgetan, und ihr werdet sein wie Gott und wissen, was

gut und böse ist.» Und das erste Menschenpaar aß von dem Baum der Erkenntnis, und wirklich: ihrer beiden Augen wurden aufgetan! – «und sie wurden gewahr, dass sie nackt waren, und flochten Feigenblätter zusammen und machten sich Schurze.» Ihre paradiesische Unschuld hatten sie verloren. Und Gott vertrieb das erste Menschenpaar aus dem Paradiesesgarten und verstieß die Schlange aus dem Gottesreich: auf dem Bauche sollte sie kriechen und «Erde fressen» ihr Leben lang. Und er setzte Feindschaft zwischen den Nachkommen der Schlange und des Menschen, der ihr den Kopf zertreten sollte, während sie ihm in die Ferse stach. Und Gott der Herr verfluchte den Acker um des Menschen willen, der nun alle Schmerzen, Leiden und Nöte des Erdenlebens erfahren und wieder zu Erde werden sollte, von der er genommen war. Und Gott trieb den Menschen hinaus aus der Gott-Natur. Und Jahve-Elohim sprach: «Siehe, der Mensch ist geworden wie unsereiner und weiß, was gut und böse ist.»[108]

Die Mysteriensprache der Paradieseslegende ist unauslotbar. Gott der Herr überblickt diese ganze Urtragödie und lässt das Böse wirken, das er in den Garten Eden doch *selber hineingesetzt* hat. Der unschuldige Mensch wird schuldig, in alle Mühsal und alle Leiden der Vergänglichkeit vertrieben; und gleichzeitig wird er *wie* Gott, obwohl er das Wissen um gut und böse mit dem Tode bezahlt. Gott selbst also bewirkt ein Geschehen von unüberbietbarer Tragik. Ist doch das Wirken des Bösen letztlich sein Wille, sein Werk. Oder besitzt die Schlange einen eigenen Willen, obwohl sie Gottes Geschöpf ist? Oder wusste Gott nicht um die Schwäche Evas? Wie auch immer, der Mensch war schuldig geworden und besaß von nun an *moralische Eigenverantwortung*. Kein Naturwesen vermag schuldig zu werden. Keine Schlingpflanze des Urwalds, die einen mächtigen Baum erstickt, kein Mörderwal, der sinnlos tötet, ist fähig, Böses zu tun. Nur der denkende, fühlende, handelnde Mensch birgt in sich alles Verhängnis, vermag gut oder böse zu sein. Er allein ist geworden «wie» Gott. Bis Christus, der «Idealmensch», wie Rudolf Steiner ihn nennt, erscheint und zu den erlösungsbedürftigen Menschen sagen wird: «Ihr seid Götter.»

Warum dieser Um-Weg über Schuld und Todesverstrickung notwendig ist, warum der Mensch das Übel in die Welt hineintragen musste, war nach wie vor mysterientief verschlüsselt.

Nur die erschütternde Gestalt des *Hiob* gewährt einigen Einblick in den tragischen Sinn des Menschseins – in die Prüfung selbst des frommsten aller Menschen. Begab es sich doch eines Tages, da die «Gottessöhne» kamen und vor den Herrn traten, dass auch der Satan unter ihnen erschien, der zuvor die Erde hin und her durchzogen hatte. Nun fragt der Herr den Satan, ob er den Hiob kenne, dessengleichen sonst nicht auffindbar ist. Darauf entgegnet Satan, Gott habe seinen Knecht mit allem nur Wünschbaren ausgestattet; sobald er es ihm nähme, würde er schon sehen, wie Hiob alsbald von ihm abfiele. Da sprach Gott zum Satan: «Siehe, alles, was er hat, sei in deiner Hand; nur an ihn selbst lege deine Hand nicht.» – Und so wird der schuldlose, gottesfürchtige Hiob von Satan allem Elend dieser Welt ausgesetzt; alles wird ihm genommen, was ihm lieb und teuer ist. Hiob aber verharrt in seinem Vertrauen auf Gott – aufstöhnend, in unsäglichem Kummer und qualvollstem Leiden. Und er ruft aus: «Warum bin ich nicht gestorben bei meiner Geburt? Warum bin ich nicht umgekommen, als ich aus dem Mutterleibe kam?» Ja, er wehklagt: «Warum gibt Gott das Licht den Mühseligen und das Leben den betrübten Herzen – die auf den Tod warten und er kommt nicht»? Hiob fragt sich, was denn der Mensch sei. «Jeden Morgen suchst du ihn heim und prüfst ihn alle Stunden.» Warum?! Warum?! Weiß doch Hiob, dass er keine Schuld auf sich geladen hat. Und so möchte er denn nicht mehr leben; ja, er verachtet sein Leben. Bringt doch Gott den Frommen um wie den Gottlosen; ja, Gott hat die Erde unter gottlose Menschen gegeben «und das Antlitz ihrer Richter verhüllt, ...». – Obwohl Satan alle Hoffnungen des Gottesfürchtigen zermalmt, kann er Hiobs Vertrauen in Gott nicht brechen. Während dieser nur noch Finsternis des Todes erlebt, «wo es stockfinster ist und dunkel ohne alle Ordnung, und wenn's hell wird, so ist es immer noch Finsternis.» Völlig vereinsamt, weiß der aufs schwerste Geprüfte, dass Gott nicht gottlos sein kann. Und er ruft aus: «Ich weiß, dass mein Erlöser lebt»[109]. Und da Satan ihn nicht töten darf, wird Hiob hochbetagt und «lebenssatt»[110] diese Welt der Prüfungen verlassen.

Hatte die Paradieseslegende ersten Einblick in das moralische Eigenwesen des Menschen gegeben, so zeigte das Hiob-Schicksal den Hebräern, wie böse Mächte alles Unheil hervorbringen, aber letztlich nichts ohne den Willen Gottes geschieht. Zwar war das altindische

Wissen um Reinkarnation und Karma in Israel verlorengegangen; aber gerade auf diesem Wege wurde die Prüfung der individuellen Menschenseele wesentlich verschärft. Indem sich die göttlich-geistige Welt mehr und mehr verdunkelte, sah sich der Mensch zunehmend auf sich selbst verwiesen – auf Herz und Nieren geprüft.

Wie aber steht es um den Menschen, dem bewusst wird, dass er ein Doppelwesen aus Gutem und Bösem ist, wie dies Augustinus widerfuhr? Hiob war das Urbild aller Frommen, Rechtschaffenen, Gottesfürchtigen und mied das Böse. Augustinus erlebte zwei Seelen in seiner Brust und wusste nur noch einen Weg: die Selbstauslöschung seiner Begierdenglut durch rückhaltlose Askese, die sodann das ganze Mittelalter prägte und in Franz von Assisi ergreifendste Ausgestaltung erfuhr.

Das eindringlichste Gegenbild dieses Lebensentwurfs schuf gegen Ende des 18. Jahrhunderts der fünfundzwanzigjährige Goethe. Sein «Urfaust» blieb lange Zeit liegen; erst 1790 erschien das Fragment im Druck. Und erst auf Schillers Drängen nahm Goethe sieben Jahre später das Werk wieder vor und gestaltete zuerst den «Prolog im Himmel» wie die sogenannte Paktszene.

Zuvor hatte Schiller den Blick des Freundes auf das Buch Hiob gelenkt, wodurch die Faustgestalt in umfassende Bezüge emporgehoben erschien. Das gewaltige Panorama, das der zur Hochklassik aufgestiegene Goethe nunmehr entwarf, ließ Faust zum Repräsentanten des tragisch mit dem Bösen ringenden Menschentums werden, das die mephistophelische Widermacht in ihrem von Gott gewollten Wirken mutvoll bejaht.

Von der ersten Arbeit am *Faust* im Sommer 1773 bis zur Vollendung des zweiten Teiles der Dichtung im Juli 1831 sollten fast sechzig Jahre verstreichen. Hatte Calderón 1637 seinen *Wundertätigen Magus*[III] dem Zugriff Satans dadurch entzogen, dass er den Märtyrertod stirbt, so lässt Goethe seine Menschheitsgestalt nachtodlich zur seelenbewegenden Verklärung gelangen. Während Engel in der höheren Äthersphäre «Faustens Unsterbliches» tragen, begrüßen sie ihn mit den Worten:

> Gerettet ist das edle Glied
> Der Geisterwelt vom Bösen:
> «Wer immer strebend sich bemüht,
> Den können wir erlösen.»

Und hat an ihm die Liebe gar
Von oben teilgenommen,
Begegnet ihm die selige Schar
Mit herzlichem Willkommen.

In das Innerste des Menschenwesens gesenkt erscheint mit Goethes *Faust* das Mysterium des Guten und des Bösen – damit zugleich der Schicksalskeim einer neuen Schöpfung, die von der amoralischen Gott-Natur zu einer neuen Erde und einem neuen Himmel führt – zu einem moralischen Kosmos.

Ein Doppelwesen in einer Doppelwelt

Zeitlebens rang Goethe mit dem faustischen Widerstreit: den zwei Seelen in seiner Brust. Die Spur dieses Ringens zieht sich durch sein gesamtes Dichtwerk, von seinem *Werther* bis zur *Trilogie der Leidenschaft* und zu jenen Versen im fünften Akt des zweiten Teiles seines *Faust*, wo «die vollendeteren Engel» bekunden:

> Uns bleibt ein Erdenrest
> Zu tragen peinlich,
> Und wär' er von Asbest,
> Er ist nicht reinlich.
> Wenn starke Geisteskraft
> Die Elemente
> An sich herangerafft,
> Kein Engel trennte
> Geeinte Zwienatur
> Der innigen beiden,
> Die ewige Liebe nur
> Vermags zu scheiden.

Der Mensch vereint in sich zwei Welten, eine untergehende und eine aufgehende. Die untergehende ist durchsetzt von luziferischen und ahrimanischen Mächten. Durch sich selbst könnte sie keinen Fortgang nehmen. Nur durch einen neuen Lebenseinschlag war dies möglich. «Und so ist dieses neue Leben zu einem Kampf gegen den allgemeinen Tod geworden. Aus den Resten einer absterbenden, in sich erstarrenden Welt erblühen die Keime einer neuen. Deshalb haben wir Sterben und Leben in der Welt. Und langsam gehen die Dinge ineinander über. Die absterbenden Teile der alten Welt haften noch den neuen Lebenskeimen an, die ja aus ihnen hervorgegangen sind. Den deutlichsten Ausdruck findet das eben im Menschen. Er trägt als seine Hülle an sich, was sich aus jener alten Welt erhalten hat; und innerhalb dieser Hülle bildet sich der Keim jenes Wesens aus, das zukünftig leben wird. Er ist so ein Doppelwesen, ein sterbliches und ein unsterbliches. Das Sterbliche ist in seinem End-, das Unsterbliche in seinem Anfangszustand. Aber erst *innerhalb* dieser Doppelwelt, die ihren Ausdruck in dem Sinnlich-Physischen findet, eignet er sich die Fähigkeiten dazu an, die Welt der Unsterblichkeit zuzuführen. Ja, seine Aufgabe ist, aus dem Sterblichen selbst die Früchte für das Unsterbliche herauszuholen.»[112]

Der Mensch ist jene «geeinte Zwienatur» der in seinem Wesen unlöslich miteinander verknüpften Welten – der untergehenden mit der aufgehenden Schöpfung. Und nur «die ewige Liebe» wird zuletzt eine Scheidung herbeiführen, indem ein «unverbesserlicher Mond» in fernster Zukunft aus unserer Erde herausgelöst sein wird.

Gegenwärtig ist die «Doppelnatur» des Menschen «aus Vergänglichem und Unvergänglichem gemischt.» Ja, «jede sittliche Stufe enthält noch die Sucht nach dem Vergänglichen neben den idealistischen Zukunftskeimen.»[113] Weshalb die luziferischen und ahrimanischen Wesenheiten unabsehbar vielgestaltige und vielstufige Möglichkeiten vorfinden, den Menschen zu versuchen und auch zu Fall zu bringen. Die drei Versuchungen des Jesus von Nazareth geben urbildlichen Einblick in diese Tragik des Menschseins: Konnten doch nur durch die einmalige Verkörperung des Christus in dem Jesus von Nazareth die Gegenmächte keinerlei Schaden bewirken.

Beispielhaft erlebte Augustinus in sich dieses Doppelwesen innerhalb einer Doppelwelt, einer gottleeren Raumes- und einer gotterfüllten Geisteswelt. Jahre und Jahre verbarg er sich hinter seinem eigenen Rücken, um jene schaurige, widerwärtige Gestalt nicht sehen zu müssen, die er doch selber war oder zu sein vermeinte. Er verdrängte, was er wusste, was er – *auch* war, dieses mit «klammernden Organen» am Niederziehend-Vergänglichen haftende Wesen.

In dem Schulungsbuch *Wie erlangt man Erkenntnisse der höheren Welten?* schildert Rudolf Steiner, wie es beim Einleben in die höheren, über das Sinnensein hinausführenden Welten zur Begegnung mit dem «*Hüter der Schwelle*» kommt. «Es gibt nicht nur einen, sondern im wesentlichen zwei, einen ‹kleineren› und einen ‹größeren› ‹Hüter der Schwelle›.» «Der ‹kleinere Hüter der Schwelle› ist ein selbständiges Wesen. Dieses ist für den Menschen nicht vorhanden, bevor die entsprechende Entwickelungsstufe von ihm erreicht ist. Nur einige der wesentlichsten Eigenschaften desselben können hier verzeichnet werden. ... Ein allerdings schreckliches, gespenstisches Wesen steht vor dem Schüler. Dieser hat alle Geistesgegenwart und alles Vertrauen in die Sicherheit seines Erkenntniswegs notwendig, die er sich während seiner bisherigen Geheimschülerschaft aber hinlänglich aneignen konnte.»[114]

Steiners weitere Darstellungen verdeutlichen aufs eindringlichste, welche tiefgreifende Bedeutung diesem «Hüter der Schwelle» im Schicksalsgang des Menschen von Erdenleben zu Erdenleben zukommt. Im Charakter des Menschen gibt es «manche schöne Seiten, manche häßliche Flecken». Die das Karma gestaltenden Mächte überblicken alle «die guten und alle die schlimmen Seiten», die jeder einzelne Mensch im Laufe seiner Inkarnationen ausgebildet hat. Auf dem esoterischen Schulungsweg gelangt der Mensch dazu, diese «selbständige Gestalt» anzuschauen, die «sich einen Leib gebildet hat» aus den edlen und üblen Charakterzügen jedes Menschen. Es ist dies eine «gespenstige Gestalt», die aber von der Weisheit unseres uns «verborgenen Geschickes» gewoben ist. Wer diese Wesenheit auf seinem meditativen Schulungsweg schauen lernt, dem offenbart sie: «Ich muss zu einer in sich vollkommenen, herrlichen Wesenheit werden, wenn ich nicht dem Verderben anheimfallen soll. Und geschähe das letztere, so würde ich auch dich selbst mit mir hinabziehen in eine dunkle, verderbte Welt. ... Ich werde, wenn du meine Schwelle überschritten hast, keinen Augenblick mehr als dir sichtbare Gestalt von deiner Seite weichen. Und wenn du fortan Unrichtiges tust oder denkst, so wirst du sogleich deine Schuld als eine häßliche, dämonische Verzerrung an dieser meiner Gestalt wahrnehmen. Erst wenn du all dein vergangenes Unrichtige gutgemacht und dich so geläutert hast, dass dir weiteres Übles ganz unmöglich ist, dann *wird sich mein Wesen in leuchtende Schönheit verwandelt* haben. Und dann werde ich mich zum Heile deiner ferneren Wirksamkeit wieder mit dir zu einem Wesen vereinen können.»[115] (Hervorhebung durch den Autor)

Meditations-Inhalte wie die hier andeutend umrissenen sind geeignet, den Schüler der anthroposophischen Geisteswissenschaft sein Leben lang zu begleiten, um in immer umfassenderen Bezügen anschaubar zu werden. Hier sollen die Darstellungen Rudolf Steiners zum «Hüter der Schwelle» vor allem im Zusammenhang mit dem Entwicklungsweg der Menschheit Berücksichtigung finden. Ist doch diese Gestalt, die jeder Einzelne in individueller Art von Inkarnation zu Inkarnation als sein Schicksalswesen, ja, als sein «Kreuz» mit sich trägt, zugleich die Voraussetzung dafür, dass sich aus dem untergehenden amoralischen der aufgehende moralische Kosmos durch Äonen entwickeln kann. Kein Tier, keine Pflanze, kein Mineral trägt in sich die Schicksals-Keime einer moralischen Zukunft. Indem der Mensch in seinem Hüllenwesen diese *moralisch-antimoralische* Wesenheit weiter und weiter heilsam umbildet, entfaltet sich in ihm die Zukunftswelt.

Der «Hüter der Schwelle» birgt folglich die Kräfte in sich, die das Einzel-schicksal des Menschen bewirken. Ursprünglich war er mit dem Seelenwe-sen des Menschen vereint und soll sich in der Zukunft zum Segen der Seele in erhöhter Gestalt wieder mit ihm verbinden. Auf keinem anderen Wege kann sich zugleich der amoralische in einen moralischen Kosmos verwandeln.

In *Wie erlangt man Erkenntnisse der höheren Welten?* verweist Rudolf Steiner im weiteren darauf, dass nur der die Schwelle zur geistigen Welt zu seinem Segen überschreiten kann, «der ganz frei von Furcht und bereit zu höchster Verantwortlichkeit» sich fühlt. Jedes neugierige, unlautere Eindringen-Wollen in übersinnliche Welten bringt Unordnung, bringt schließlich sogar schicksalhaftes Verhängnis in den Fortgang der seelisch-geistigen Entwicklung der Einzelseele wie des Menschheitskarmas.

«Betritt der Geheimschüler die übersinnliche Welt, dann erhält das Le-ben für ihn einen ganz neuen Sinn, er sieht in der sinnlichen Welt den Keimboden für eine höhere.» Die «einstige übersinnliche Welt *brauchte* den Durchgang durch die sinnliche. Ihre Weiterentwickelung wäre ohne diesen Durchgang nicht möglich gewesen. Erst wenn sich innerhalb des sinnlichen Reiches Wesen entwickelt haben werden, mit entsprechenden Fähigkeiten, kann die übersinnliche wieder ihren Fortgang nehmen. Und diese Wesen sind die Menschen. Diese sind somit, so wie sie jetzt sind, ei-ner unvollkommenen Stufe des geistigen Daseins entsprungen und werden selbst innerhalb derselben zu derjenigen Vollkommenheit geführt, durch die sie dann tauglich sein werden zur Weiterarbeit an der höheren Welt. – Und hier knüpft der Ausblick in die Zukunft an. Er weist auf eine höhere Stufe der übersinnlichen Welt. In dieser werden die Früchte sein, die in der sinnlichen ausgebildet werden. Die letztere als solche wird überwunden; ihre Ergebnisse aber einer höheren einverleibt sein.»[116]

Im ersten Teil der vorliegenden Schrift wurde aufgezeigt, wie der Mensch aus einem Naturwesen zu einem eigenverantwortlichen Geistwesen, von einem amoralischen Geschöpf zu einem moralisch-freien Schöpferwesen, zur *zehnten Hierarchie* aufsteigen soll – als dem «Götterideal und Götterziel» einer Entwicklung, die erst in fernster Zukunft ihre Vollendung erfahren kann.

In dem genannten Schulungsbuch erscheint der «Hüter der Schwelle» als das Ebenbild des Menschen in seiner «Doppelnatur» – «aus Vergänglichem und Unvergänglichem gemischt. Und klar zeigt sich an ihm, was noch fehlt bis zur Erreichung der hehren Lichtgestalt, welche wieder die reine geistige Welt bewohnen kann.»[117]

Dass dieser «Hüter der Schwelle» eine *astrale Gestalt* ist, welche sich dem höheren Schauen des Geheimschülers offenbart, geht aus einer Fußnote im genannten Buch hervor.[117a] Diese astrale Natur des Menschen war vor dem sogenannten Sündenfall noch ohne jede moralische Schuld-Erfahrung und wird, sofern sie ihre Erdenentwicklung heilsam abschließen kann, sonnenhaft erstrahlen. Gegenwärtig trägt dieser «Hüter der Schwelle» noch Züge der Eigenliebe an sich, die der Mensch solange vor sich selbst zu verbergen bestrebt ist, bis er gewahr wird, was seiner Seele noch fehlt. Nun fühlt er sich «mit seinem vollen Leben in einem Irrtum drinnen stehend. Doch unterscheidet sich dieser Irrtum von anderen Irrtümern. Diese werden gedacht, er aber wird erlebt. ... Der erlebte Irrtum ist ein Teil des Seelenlebens selbst geworden; man *ist* der Irrtum; man kann ihn nicht einfach verbessern, denn man mag denken, wie man will, er ist da, er ist ein Teil der Wirklichkeit, und zwar der eigenen Wirklichkeit. Ein solches Erlebnis hat etwas Vernichtendes für das eigene Selbst. Man empfindet seine Innerlichkeit schmerzvoll zurückgestoßen von allem, was man ersehnt. Der Schmerz, der auf dieser Stufe der Seelenwanderschaft empfunden wird, übersteigt weit alles, was man an Schmerzen in der Sinneswelt empfinden kann. Und deshalb kann er auch alles das überragen, dem man durch das bisherige Seelenleben gewachsen ist. Er kann etwas Betäubendes haben. Die Seele steht vor der bangen Frage, woher soll ich die Kräfte nehmen, um zu ertragen, was mir da auferlegt ist? Und sie muss innerhalb ihres eigenen Lebens diese Kräfte finden. Sie bestehen in etwas, das man als inneren Mut, als innere Furchtlosigkeit bezeichnen kann.»[118]

Wahre Selbsterkenntnis, so macht Steiner im weiteren Verlauf dieser Meditation über den «Hüter der Schwelle» deutlich, beinhaltet, dass alle Zweifel, alle Ungewissheit über die geistige Welt leichter zu ertragen sind, «als das Schauen dessen, was man zurücklassen muss, wenn man sie betreten will.» [118a]

Über die Wesenzüge des Hüters der Schwelle können hier, im gegebenen Rahmen, nur noch Rudolf Steiners Ausführungen in seiner *Geheimwissenschaft im Umriss* Erwähnung finden, zumal dort der Doppelgänger mit dem Hüter der Schwelle nachdrücklich identifiziert wird, was zu weiteren Verständnisschwierigkeiten führen kann. [119] Wird doch in dem umfangreichen Kapitel über «Die Erkenntnis der höheren Welten (Von der Einweihung oder Initiation)» die wahre, durchgreifende Selbsterkenntnis dergestalt charakterisiert, dass sich an der Schwelle zur geistigen Welt das eigene Ich mit all den Schicksalskräften offenbart, die «es noch in dieser und den folgenden Verkörperungen treffen müssen». – «Mit alle dem, was so am Ich haftet, *muss* es nun als erstes Bild vor die Menschenseele treten, wenn diese in die seelisch-geistige Welt aufsteigt. Dieser Doppelgänger des Menschen muss, nach einem Gesetz der geistigen Welt, vor allem andern als dessen erster Eindruck in jener Welt auftreten.»

Die Gestalt des Doppelgängers bewirkt «in den verborgenen Tiefen der Seele eine Art *verborgenes* Schämen», das «der Verhüller des Menschen vor sich selbst ist.» Der durch regelrechte Schulung gestärkte Mensch hingegen gewahrt in innerer Gefasstheit, «was er selbst ist. Er nimmt seinen Doppelgänger wahr. Diese Selbstwahrnehmung ist gar nicht zu trennen von der Wahrnehmung der übrigen geistig-seelischen Welt.» Hat dagegen diese Seelenschulung noch nicht stattgefunden, so erweist sich das verborgene Schämen als «ein großer Wohltäter des Menschen». Ist man doch ohne geisteswissenschaftliche Seelenschulung nicht fähig, «die Wahrnehmung der eigenen Wesenheit in ihrer wahren Gestalt ohne weiteres zu ertragen. Man würde durch diese Wahrnehmung alles Selbstgefühl, Selbstvertrauen und Selbstbewusstsein verlieren. ... Durch die regelrechte Schulung lernt der Mensch wie absichtslos so viel aus der Geisteswissenschaft kennen, und es werden ihm außerdem so viele Mittel zur Selbsterkenntnis und Selbstbeobachtung klar, als notwendig sind, um kraftvoll seinem Doppelgänger zu begegnen. ... Wer in richtiger Art zuerst in der physischen Welt durch seinen Verstand das Karmagesetz begriffen hat, der wird nicht besonders erbeben können, wenn er nun die Keime seines Schicksals eingezeichnet sieht in dem Bilde seines Doppelgängers. Wer durch seine Urteilskraft sich bekannt gemacht hat mit der Welten- und Menschheitsentwickelung und weiß, wie in einem bestimmten Zeitpunkt dieser Entwickelung die Kräfte des Luzifer in die menschliche Seele eingedrungen sind, der wird es unschwer ertragen, wenn er gewahr wird, dass in dem Bilde seiner eigenen Wesenheit diese luziferischen Wesenheiten mit allen ihren Wirkungen enthalten sind.»

Weil dieser Doppelgänger vor der geistigen Welt wie ein Hüter steht, kann er – so Steiner – der «Hüter der Schwelle» genannt werden. Jede Nacht begegnet jeder Mensch dieser astralen Wesenheit, diesem Schicksalskern seines ewigen Wesens, der zwischen dem Tode und einer neuen Geburt für die seelisch-geistige Entwicklung von tiefgreifendster Bedeutung ist, wie noch zu betrachten sein wird. Nachtodlich aber kann der Anblick des Doppelgängers «den Menschen nicht bedrücken, weil er da von andern Welten weiß als in dem Leben zwischen Geburt und Tod.»[120]

Schritt um Schritt führen Rudolf Steiners Darstellungen in der *Geheimwissenschaft im Umriss* von der Betrachtung des kleinen «Hüters der Schwelle» zu einem zweiten, «großen Hüter der Schwelle», der etwas in die Seele zu gießen vermag, «was nur mit dem ‹Gefühl eines unermesslichen Schreckens›, einer ‹grenzenlosen Furcht› verglichen werden kann.»[121] Der Geheimschüler hat zuvor erlebt, «welche Last man an dem gewöhnlichen Selbst schleppt.»[122] Wer nun erlahmt, der «wird ein Gefangener der Gestalt, die jetzt durch den ‹Hüter der Schwelle› vor der Seele steht.» Während er selbst meint, zum Zenit seiner seelisch-geistigen Entwicklung gelangt zu sein, obwohl er auf keiner erreichten Stufe verharren darf. Steht doch der «große Hüter der Schwelle» als sein ewiges Vorbild vor ihm. «Der Geistesschüler wird dadurch in das erhabene Geheimnis selbst eingeweiht, das mit dem Christus-Namen verknüpft ist. Der Christus zeigt sich ihm als das ‹große menschliche Erdenvorbild›.»[123] Der Initiierte ist zu der *selbsterlebten Erkenntnis des Mysteriums von Golgatha* gelangt.

Den großen Hüter der Schwelle hat Rudolf Steiner in *Wie erlangt man Erkenntnisse der höheren Welten?* unter anderem auch mit den Worten beschrieben: «Ein unbeschreiblicher Glanz geht von dem zweiten Hüter der Schwelle aus; die Vereinigung mit ihm steht als ein fernes Ziel vor der schauenden Seele.» «Hier spricht gar nichts zum Egoismus. Was der Mensch in den höheren Regionen des Übersinnlichen erhalten wird, ist nichts, was zu ihm kommt, sondern lediglich etwas, das von ihm ausgeht: die Liebe zu seiner Mitwelt.»[124]

Der Schicksalskern

Im August 1913 hielt Rudolf Steiner einen Zyklus von acht Vorträgen über *Die Geheimnisse der Schwelle* im Zusammenhang mit seinen beiden letzten Mysteriendramen.[125] Im achten Vortrag macht er deutlich, wie unendlich wichtig die Begegnung mit dem Hüter der Schwelle ist «für ein klares, objektives Anschauen der Geistigen Welten». Und er verweist darauf, dass er «einen langen Zyklus von Vorträgen halten» müsste, wenn er die Begegnung mit dem Hüter der Schwelle im einzelnen charakterisieren sollte.[126]

An der Schwelle zu den geistigen Welten, führt Steiner aus, begegnen wir «unserem eigenen wahren Ich». Aber «dieses andere Selbst, dieses wahre Ich kleidet sich in unsere Schwächen, in all das, was wir eigentlich verlassen müssen und nicht verlassen wollen, weil wir gewohnheitsmäßig als physisch-sinnliche Menschen daran hängen, wenn wir die Schwelle überschreiten wollen. Wir begegnen also eigentlich an der Schwelle zur geistigen Welt einem Geistwesen, das sich unterscheidet von allen anderen Geistwesen, denen wir in den übersinnlichen Welten begegnen können. Alle anderen Geistwesen erscheinen gleichsam mehr oder weniger mit Hüllen, die doch ihrem Eigensein mehr angemessen sind, als es mit den Hüllen des Hüters der Schwelle der Fall ist. Er kleidet sich in dasjenige, was uns nicht nur Sorgen und Kummer, sondern oft Abscheu und Widerlichkeit erweckt. Er kleidet sich in unsere Schwächen, in das, von dem wir sagen können, wir erbeben in Furcht, uns nicht von ihm zu trennen, oder auch, wir erröten nicht nur, wir vergehen fast in Scham, wenn wir hinschauen müssen auf das, was wir sind, in was sich der Hüter der Schwelle kleidet. Es ist also eine Selbstbegegnung, aber in Wahrheit doch eine Begegnung mit einer anderen Wesenheit.»[127]

Schon diesen wenigen Hindeutungen Rudolf Steiners ist zu entnehmen, dass sich unser wahres, ewiges Ich-Wesen einhüllt in all das, was wir auf unserem gesamten Weg durch unsere Inkarnationen erlitten haben unter dem Einfluss der luziferischen und ahrimanischen Mächte. Unsere ätherisch-astralen Hüllen, mit denen unser ewiges Ich verbunden ist und von Erdenleben zu Erdenleben in verwandelten Gestalten sich umhüllt, erscheint mit allen karmischen Spuren und Signaturen, die wir zu uns rechnen müssen, obwohl unser wahres Geistwesen keineswegs mit ihnen identisch ist. Weshalb Steiner darauf verweist, dass man sich über nichts so sehr täuschen kann wie über sich selbst. Muss man doch immer wieder und wieder Wache halten über sein verborgen-vielschichtiges Wesen «durch eine gediegene, ehrliche Selbsterkenntnis, die man übt. Aber diese Selbsterkenntnis ist schwierig, schwierig, wenn sie unmittelbar geübt werden soll.»[128]

Seit dem «Sündenfall», seit der Einwirkung Luzifers in der lemurischen Zeit und der komplementären Schädigung durch Ahriman im atlantischen Zeitraum ist jeder Mensch mit tiefen Schicksalsrunen versehen, die auszugleichen und zu verwandeln sind. Gelingt dies nicht, dann wird der Mensch mit seinem Doppelgänger in dunkle Tiefen hinabsinken – in lichtlose Abgründe hinabgezogen. Ist doch das Ich ein Same, der wie alle Samen aufsprießen oder verfallen kann, wie dies aufs eindringlichste im Matthäusevangelium zum Ausdruck kommt.[129]

In seinem Autoreferat zum «Französischen Kurs» vom September 1922 – das kann hier weiterhelfen – gibt Rudolf Steiner einen Einblick in den nachtodlichen Rhythmus des Erlebens der Menschenseele: «Dieser Rhythmus erscheint wie in einer kosmischen Nachbildung der Erdenbetätigung. Und in dieses Nach-Erleben strömt fortwährend das Leben des Geist-Kosmos hinein wie im Erdenleben die Atemluft in die Lunge. In dem bewussten kosmischen Erleben erscheint ein Rhythmus, von dem der physische ein Abbild ist. Durch den kosmischen Rhythmus gliedert sich, was durch den Menschen im Erdendasein geschieht, als eine Welt mit moralischen Qualitäten in eine amoralische Welt ein. Und der Mensch erlebt nach seinem Tode diesen im Schoße des Kosmos sich ausbildenden moralischen Wesenskern eines künftigen Kosmos, der nicht nur wie der gegenwärtige in einer rein natürlichen Ordnung sich ausleben wird, sondern in einer moralisch-natürlichen. Die Grundempfindung, welche die Seele durchzieht während dieses Erlebens in einer werdenden kosmischen Welt, ist ihr durch die Frage gegeben: werde ich würdig sein, mich in einem kommenden Dasein in die moralisch-natürliche Weltordnung einzugliedern.»[130]

Die mineralische, pflanzliche und tierische Gott-Natur birgt keine moralischen Impulse, was die Naturwissenschaft nachdrücklich bestätigt: Die gesamte Natur ist amoralisch, so unermesslich weisheitsvoll sie gleich ist.

Im Schoße dieses vatergöttlichen Kosmos aber erbildet sich ein sohnes-
göttlicher Kosmos durch den zur Freiheit aufsteigenden Menschen, der
fähig ist, sich sowohl *moralisch wie antimoralisch zu entscheiden*. Nachtodlich nimmt die Menschenseele nicht nur wahr, wie ein natürlich-morali-
scher Kosmos entsteht; sondern sie erlebt gleicherweise ihren «Schicksalskern», mit dem ihr Ich zuinnerst verbunden ist. Die Schicksals-Keimkraft
der eigenen Zukunft, so sieht der Mensch während des Kamaloka, ist
nicht etwa nur für ihn selbst da, sondern ist *für die weitere Entwicklung des
Kosmos von unersetzlicher Bedeutung.*

Durch das zur Freiheit gelangende Menschenwesen wird der amoralische (nicht antimoralische) Kosmos, der sich seit der Saturnzeit unserer
Erde entwickelt hat, einer Zukunft entgegengeführt, die vom Jupiter bis zum
Vulkan als ein moralischer Kosmos erstrahlen soll. «Unsere Welt ist in ihrem natürlichen Abglanz moralisch neutral. Aus unserer Welt wird eine
künftige Welt entstehen, die in ihrem natürlichen Abglanz nicht moralisch
neutral sein wird, sondern wo alles Moralische natürlich und alles Natürliche moralisch sein wird. Den Keim dazu trägt der Mensch durch seine
moralischen Taten hinein in den Kosmos.»[131] «Jede Kosmologie bliebe
unvollständig, die nicht wissen würde, wie der gegenwärtige Kosmos, der
in der Natur einen neutralen, amoralischen Abglanz hat, einstmals durch
das Leben der Menschen ein solcher werden wird, wo das Natürliche zugleich moralisch und das Moralische natürlich ist.»[132]

Werden diese Worte Rudolf Steiners vertieft erlebt, dann wird anschaubar, warum der Begründer der Anthroposophie den Menschen als die in
Entwicklung begriffene zehnte Hierarchie, als Götterideal und Götterziel
betrachten konnte. Indem der Christus-Logos sich durch das Mysterium
von Golgatha bis ans Ende dieser Äonen umspannenden Evolution mit
dem Menschen verbunden hat, wird dieser zum Geist der Freiheit und der
Liebe.

Die Begegnung mit dem Hüter der Schwelle ist deshalb eine Selbstbegegnung und zugleich die Begegnung mit einem Wesen, in das sich das
ewige Ich des Menschen hüllt. Kleidet es sich doch in unsere Schwächen,
weshalb wir in Scham vergehen, in Furcht erbeben, weil wir uns nicht von
ihm trennen können: «Es ist also eine Selbstbegegnung, aber in Wahrheit
doch die Begegnung mit einer anderen Wesenheit.»[133] Weshalb Rudolf
Steiner diesen Doppelgänger in anderen Zusammenhängen auch mit ganz

unterschiedlichen Worten zu umgreifen trachtet, die eine außerordentliche Beweglichkeit des Vorstellungsvermögens anregen. Steiner spricht unter anderem von dem «Schicksalskern» oder von dem «Abbild des menschlichen moralisch-geistigen Wertes» und fügt hinzu: «Wenn ich mich so ausdrücken darf: eine lebendige Photographie, herausgebildet aus der Substanz des astralischen Kosmos, lebt mit der Seele mit, eine Photographie, die aber eine reale, eine lebendige Photographie ist, auf der man sieht, was für ein Mensch man eigentlich im letzten Erdenleben war. Diese Photographie hat man vor sich, solange man in der Mondensphäre ist.» Während man nachtodlich in den sieben Regionen des Kamaloka, wie sie in der *Theosophie* beschrieben werden, seine Läuterungszeit zu durchleben hat, erscheint einem der Hüter der Schwelle, der Doppelgänger als eine Wesenheit, «die man selber während des letzten Erdenlebens ausgebildet hat aus den Kräften, welche die moralisch-geistige Bewertung des eigenen Erdenlebens darstellen. Man hat eine geistige Wesenheit ausgebildet, eine Art geistiger Elementarwesenheit, die zu ihren Gliedern, zu ihren Fangarmengestaltungen das hat, was eigentlich ein Abbild ist des menschlichen moralisch-geistigen Wertes.»[134]

In *Wie erlangt man Erkenntnisse der höheren Welten?* lässt Steiner diese Wesenheit sagen, sie habe sich einen Leib gebildet aus den edlen und üblen Verrichtungen des einzelnen Menschen. Und Steiner legt ihr die Worte in den Mund: «Ich muss zu einer in sich vollkommenen, herrlichen Wesenheit werden, wenn ich nicht dem Verderben anheimfallen soll. Und geschähe das letztere, so würde ich auch dich selbst mit mir hinabziehen in eine dunkle, verderbte Welt.»[135]

In dem genannten Vortrag vom 16. September 1922 wird demgemäß dieselbe Wesenheit, wie gerade vernommen, eine «Art geistiger Elementarwesenheit» genannt, die zu ihren «Fangarmengestaltungen das hat, was eigentlich ein Abbild ist des menschlichen moralisch-geistigen Wertes». Dieser Doppelgänger hat sich als eine «lebendige Photographie herausgebildet aus der Substanz des astralischen Kosmos».[136]

Keine Wesenheit außer der menschlichen seelisch-geistigen Individualität besitzt diesen Hüter der Schwelle, diesen Doppelgänger, der wie eine Elementarwesenheit, «eine reale, eine lebendige Photographie» erscheint und am Ende der gesamten Evolution vom Menschen-Ich entweder «in leuchtende Schönheit verwandelt»[137] sein wird, oder aber das ewige

Menschenwesen mit sich in dunkle, verderbte Welten hinabzieht. Um jeden Menschen erscheinen in Gestalt seines moralisch-geistigen Wertwesens die Fangarme gelegt, die nur dann von ihm abfallen werden, wenn er sich im Laufe seiner Inkarnationen mit den heilenden Liebeskräften des Christus-Sonnenwesens in Freiheit zu verbinden fähig ist.

Auf demselben Wege aber verwandelt sich zugleich – durch den Menschen – der amoralische vatergöttliche Kosmos in den moralischen sohnesgöttlichen Kosmos: der Mensch ist das Verwandlungsorgan der vom Saturn bis zum Vulkan sich verwirklichenden Evolution, in der sich der Mensch zur zehnten Hierarchie entwickeln soll. Weshalb Steiner den Geistkeim des physischen Menschenleibes auch den «Tempel der Götter»[138] nennt.

Nach der Läuterungszeit, dem Kamaloka, trennt sich das von Erdenleben zu Erdenleben fortschreitende Menschen-Ich von seinem «Schicksals-Wesenskern»[139], um, befreit von der Last der Problematik seines Doppelgängers, in der devachanischen Sonnensphäre, verbunden mit den göttlich-geistigen Hierarchien, die Geistgestalt seines nächsten physischen Leibes aufzubauen.

Hatte der Mensch während seines letzten Erdenlebens seinen «Schicksalskern», «das lebendige Abbild des moralisch-geistigen Menschen», ausgebildet, so geht dieser nachtodlich in die Strömung der ersten Hierarchie ein und wird ihr allmählich einverwoben. «Aber hinuntersinkt in diese Tätigkeit das, was früher im Brustorganismus als das lebendige Abbild des moralisch-geistigen Menschen sich gebildet hat.» Hatte der Mensch während seines Erdenlebens «in seinem mittleren Gliedteil sein Karma als eine lebendig-elementarische Wesenheit entwickelt», so wird der Schicksalskern nun «übernommen von der Strömung der ersten Hierarchie.» Während der Mensch «sich seinem karmischen Ebenbilde entringt» und im Devachan mitwirkt «an dem geistigen Urbild des physischen Organismus», wird das «lebendige Abbild seines von ihm selbst gemachten Schicksals mittlerweile von den Wesenheiten der höchsten Hierarchie – der Seraphim, Cherubim und Throne – wiederum zurückgeleitet zu der zweiten Hierarchie und zuletzt der dritten Hierarchie übergeben, den Angeloi, Archangeloi und Archai. Beim Wiederheruntersteigen übernimmt der Mensch dieses Abbild» – diesen seinen Schicksalskern, seinen Doppelgänger, sein lebendiges Elementarwesen –, «das er bei der ersten Hierarchie zurückgelassen hat, jetzt von der dritten Hierarchie», der ja auch sein Schutzgeist angehört. «Der Mensch übergibt (folglich) das, was er sich selbst als sein Schicksal bereitet hat, den Seraphim, Cherubim und Thronen und empfängt es wiederum von den Angeloi, Archangeloi und Archai. Die tragen es hinein in die Tätigkeit, die er in einem neuen Erdenleben ausführt. Auf diese Weise wird das in sein neues Erdenschicksal aus der Hand der dritten Hierarchie aufgenommen, was er beim Verlassen des letzten Erdenlebens der ersten Hierarchie überliefert hat.» «Dadurch erhält dann der Mensch das, was er in seinem neuen Leben als sein Schicksal zu erleben hat. Was der Mensch» – als seinen Doppelgänger, seinen Hüter der Schwelle, seinen Schicksalskern – «der höchsten Hierarchie hinterlassen hat, das empfängt er aus der Hand der dritten Hierarchie wiederum zurück, und zusammen mit der dritten Hierarchie muss er es während seines Erdendaseins durch ausgleichende Taten wiederum in das Weltengleichgewicht bringen.»[140]

So schwierig Rudolf Steiners Ausführungen erscheinen mögen, so erhellend sind sie. Im *Hüter der Schwelle*, im *Doppelgänger* schufen die göttlichgeistigen Wesenheiten – im Zusammenwirken durchaus auch mit den luziferischen und ahrimanischen Widersachern, die ihrerseits im Karma des Menschen vielgestaltig tätig sind – das *Umwandlungsorgan*, durch das sich der amoralische Kosmos in einem moralischen Kosmos metamorphosieren soll. Zugleich ersteht auf diesem Wege der Mensch als die zehnte Hierarchie, als Geist der Freiheit und der Liebe.[140a]

Schuf der Vatergott vom Saturn bis zum Mond die physisch-ätherisch-astrale Leibesgrundlage, die auf der Erde sodann das ICH in sich aufgenommen hat, so sollen vom Jupiter bis zum Vulkan aus dem Ichzentrum heraus diese Leiber in das Geistselbst, in den Lebensgeist und den Geistesmenschen umgewandelt werden, wodurch die zehnte Hierarchie ersteht.

Wäre der Mensch seit der lemurischen Zeit nicht den luziferischen, seit der Mitte der Atlantis nicht den ahrimanischen Mächten ausgesetzt, wäre also der sogenannte Sündenfall nicht geschehen, dann wäre der Doppelgänger nicht entstanden, der sich zuletzt, «in leuchtende Schönheit verwandelt»[141], wieder mit dem Menschen-Ich vereinen soll. Der Hüter der Schwelle ist das Umwandlungsorgan, durch das sich eine höhere Stufe der übersinnlichen Welt entwickelt.

Zwar kam *durch den Menschen* das Übel in die Welt, «aber nur, um das moralisch Gute darin möglich zu machen.» (Schiller)

Warum jedoch ist der Schicksalsverlauf dieser vom Saturn bis zum Vulkan reichenden Evolution eine Tragödie? Warum ist es kein bloßes Schauspiel mit harmonischem Ausgang? Schiller, der Tragödien-Dichter, mag es geahnt haben.

Am 10. April 1914 hielt Steiner in Wien einen Vortrag, in dem er darauf hinwies, dass er in seiner *Geheimwissenschaft* dargestellt hatte, wie die geistigen Hierarchien ihre Kräfte zusammenwirken ließen, um im Zeitenstrom der Schöpfung das «Menschheitsideal» zu verwirklichen. Es schwebte «als Ziel, als höchstes Ideal, als die Götterreligion den Göttern ein Bild des Menschen vor. Und wie am fernen Ufer des Götterseins schwebt für die Götter der Tempel, der als höchste künstlerische Götterleistung das Abbild des göttlichen Seins im Menschenbilde hinstellt.» Steiner beschreibt «das hehrste Menschenideal, das Götterziel der Welten», wie es die Menschenseele «namentlich in der zweiten Hälfte des Lebens zwischen dem Tod und einer neuen Geburt, wie am Ufer des Seins, das heißt am Ufer der dahinströmenden Zeit» erschaut. Diese «höchste künstlerische Götterleistung» ist das sich im Zeitenstrom dramatisch erbildende Mysterium der Menschheits-Entwicklung.[142]

Aber, nochmals gefragt, warum ist dieses erhabenste Kunstwerk eine Tragödie? Am 16. Mai 1924 schildert Steiner, welche Wege der Doppelgänger, der Schicksalskern nimmt, während die ewige Menschenseele nach der Kamalokazeit ihre weitere Entwicklung im Devachan erfährt. Der Wesenskern des Menschen muss «sein schlimmes Karma» zurücklassen, diese «Fangarmengestalt», von der die Rede war. Nimmt doch die geistige Sonnenregion nichts Böses auf. Wie ist es nun, wenn «ein recht böser Mensch» alles das gleichsam ablegen muss, was an ihm böse ist. Damit bleibt ja ein gutes Stück von ihm selber zurück, «denn das Böse ist eben mit ihm verbunden. Es ist eine Einheit mit ihm.» Das aber hat zur Folge, dass er «verkümmert, gewissermaßen als geistiger Krüppel in das Sonnendasein kommt.»[143] Das Böse bleibt zurück, wird im Fortgang seinerseits von der ersten Hierarchie, den Seraphim, Cherubim und Thronen, durchdrungen, bezogen auf die nächste Inkarnation schicksalhaft umgestaltet und dann mit der neu zur Verkörperung strebenden Menschenseele, die sich zuvor als «geistiger Krüppel» im Devachan weiterentwickelt hatte, erneut verbunden.

Nun kann sich aber auf dem Inkarnationsweg der einzelnen Menschenseele nach und nach so viel unausgeglichenes Karma angehäuft haben, dass sie immer weiter absinkt in die Willensbereiche der bösen Mächte. Zwar wird die Liebeskraft der sich weiterentwickelnden Menschheit sich so sehr steigern, dass – auch noch auf dem Jupiter – viel Böses weißmagisch in ein Heilsames verwandelt wird. Aber es wird ein schwarzmagischer Ich-Wille auf der Venus unerlöst bleiben, ein «*unverbesserlicher Mond*»[144], wie ihn Steiner in der *Geheimwissenschaft* nennt. Da aber die Evolution auch nach der folgenden Vulkanstufe der Schöpfung fortschreitet, darf angenommen werden, dass jenes unverwandelte Böse als Ferment weiterer gigantischer Entwicklungen dient. Worauf Rudolf Steiner höchstens mündlich eingegangen sein mag.

Das vom Saturn bis zum Vulkan sich vollziehende Mysteriendrama der Menschwerdung ist eine *urgewaltige Tragödie*.

Der unverbesserliche Mond

Die unantastbare Würde des Menschen beruht auf seiner Freiheit. Wird er dieser beraubt, ist es um sein Menschsein geschehen. Um aber diese auf seinem Eigenwesen beruhende Entscheidungskraft ausbilden zu können, musste der Mensch, über viele Zwischenstufen, zuletzt, seit dem 15. Jahrhundert, tote Gedanken ausbilden können. Nur mit diesen Gedanken-Schatten fühlt er sich ganz auf sich selbst gestellt. Damit zugleich aber sieht sich der Mensch in die Machtsphäre des ahrimanischen Geistes versetzt. Er befindet sich im Gott-leergewordenen Kosmos. Dieser hätte nicht entstehen können, wenn sich der Vatergott nicht aus seiner Schöpfung zurückgezogen – und Ahriman, der sich bereits in der alten Sonnenzeit unserer Erde aus der fortlaufenden Evolution herauslöste, in diesem erstorbenen Weltenleib, in dieser eisigen geistigen Leere seine Herrschaft nicht errichtet hätte. Der Mensch erkauft sich seine Freiheit, seine Eigenständigkeit mit dem Vertriebensein aus der göttlich-geistigen Welt. Damit zugleich aber sieht sich der Mensch zwischen gut und böse gestellt. Erst jetzt ist er bewusst auf sich selbst verwiesen. Moralische Eigenverantwortung kennt nur der Mensch. Besteht doch ein Abgrund zwischen dem amoralischen Weltenwesen und dem geistbewussten Menschen, der seine Freiheit entwickelt, indem er sich eingeschlossen sieht in die Gottes-Leere, bis er das Göttlich-Wesenhafte *in sich selbst erfährt als den Liebesquell alles Moralischen.*

Solange der Mensch die Würde seiner Entscheidungs-Freiheit nicht als das Fundament seiner Existenz erlebt, wird er den Schöpfungsplan, der das Mysterium des Mensch-Seins birgt, kaum zu bejahen wissen. Die untergehende vatergöttliche Schöpfung, verbunden mit den luziferisch-ahrimanischen Widersachermächten, und die aufgehende sohnesgöttliche Zukunftswelt, verbunden mit dem Christus-Opfer, sind die Voraussetzung für die Tragödie des Menschseins, deren Wesen ein *unerlöstes* Böses birgt.

Das ja lässt das qualvolle Ringen des Augustinus als geradezu archetypisch erscheinen, dass er das *Mysterium des Bösen* zeitlebens nicht zu entschlüsseln vermochte. Ausgehend von einem missverstandenen Manichäertum, dem er zehn Jahre anhing, zermartert sodann von einer alles zersetzenden

Skepsis, und endlich bewahrt im Glauben an das Erlösungswerk des Jesus Christus, rettete Augustinus seine von Finsternis umbrandete Seele, indem er den Gottesstaat als den Sieger über das Abgründig-Böse ansah.

Dem Anschein nach schildert Rudolf Steiner den weiteren Verlauf der Menschheitstragödie in Übereinstimmung mit dem Kirchenvater, indem er den weiteren Fortgang der Schöpfung ebenfalls dergestalt versteht, dass aus der Erde auf der Venus-Stufe das Böse aus dem weiteren Fortgang *herausgelöst* wird. In der *Geheimwissenschaft im Umriss* legt Steiner dar: «Während desselben (Venuszustandes) spaltet sich aus der Venus ein besonderer Weltkörper heraus, der alles an Wesen enthält, was der Entwickelung widerstrebt hat, gleichsam ein ‹unverbesserlicher Mond›, der nun einer Entwickelung entgegengeht mit einem Charakter, wofür ein Ausdruck nicht möglich ist, weil er zu unähnlich ist allem, was der Mensch auf der Erde erleben kann. Die entwickelte Menschheit aber» – die nun das höchste Wesensglied, den Geistesmenschen, ausgestaltet – «schreitet in einem völlig vergeistigten Dasein zur Vulkanentwickelung weiter, deren Schilderung außerhalb dieses Buches liegt.

Man sieht, dass sich aus der ‹Erkenntnis des Grales› das höchste Ideal menschlicher Entwickelung ergibt, welches für den Menschen denkbar ist: die Vergeistigung, welche der Mensch durch seine eigene Arbeit erlangt.» [145]

Augustinus hatte, wie bereits zu sehen war, die Überzeugung vertreten, dass jede Menschenseele von Gott vorherbestimmt sei zum Reich Gottes oder zum Höllenreich; womit er den Menschen seiner Freiheit, seiner Eigenverantwortung beraubt hatte. Steiner hingegen, aufbauend auf seiner Freiheits-Erkenntnis, auf der «Erkenntnis des Grales», legt das Schicksal jedes Menschen in seine eigenen Hände.

Auch hatte Steiner in der *Geheimwissenschaft* kurz dargelegt, wie auf dem Jupiter, der nächsten Verkörperung der Erde, der fortgeschrittenste Teil der Menschheit einen großen Teil seiner Arbeit darin sehen wird, «die in die böse Gemeinschaft gefallenen Seelen so zu veredeln, dass sie den Zugang in das eigentliche Menschenreich noch finden können.» [146]

Augustinus konnte – in der Verstandes- oder Gemütsseele – noch keine *Philosophie der Freiheit* ausgestalten. Und so musste er das gesamte Schöpfungswerk seines wahren Sinns berauben: Der Mensch ist berufen, aus seinem Ich-Wesen heraus sich zur zehnten Hierarchie zu entwickeln und einen moralischen Zukunfts-Kosmos zu erbilden. Wozu aber zentral die Entfaltung der aus dem ICH strömenden wahren, selbstlosen Liebe als weltenschöpferische Kraft gehört. «Aus alledem, was das ‹Ich› in sich entfalten kann, soll *Liebe* werden. Als das umfassende ‹Vorbild der Liebe› stellt sich bei seiner Offenbarung das hohe Sonnenwesen dar. ... In das Innerste des menschlichen Wesenskernes ist damit der Keim der Liebe gesenkt. Und von da aus soll er in die ganze Entwickelung einströmen. Wie sich die vorher gebildete Weisheit in den Kräften der sinnlichen Außenwelt der Erde in den gegenwärtigen ‹Naturkräften› offenbart, so wird sich in Zukunft die Liebe selbst in allen Erscheinungen als neue Naturkraft offenbaren. Das ist das Geheimnis aller Entwickelung in die Zukunft hinein: dass die Erkenntnis, dass auch alles, was der Mensch vollbringt aus dem wahren Verständnis der Entwickelung heraus, eine *Aussaat* ist, die als *Liebe* reifen muss. Und so viel als Kraft der Liebe entsteht, so viel Schöpferisches wird für die Zukunft geleistet. ... Geistige Erkenntnis wandelt sich durch das, *was sie ist*, in Liebe um. ... Was sich durch Saturn, Sonne und Mond als Weisheit vorbereitet hat, wirkt im physischen, ätherischen und astralischen Leibe des Menschen; und es stellt sich dar als ‹Weisheit der Welt›; im ‹Ich› aber verinnerlicht es sich. Die Weisheit der Außenwelt wird, von dem Erdenzustande an, innere Weisheit im Menschen. Und wenn sie da verinnerlicht ist, wird sie Keim der *Liebe*. Weisheit ist die Vorbedingung der Liebe, Liebe ist das Ergebnis der im ‹Ich› wiedergeborenen Weisheit.»[147]

Wer bestrebt ist, diese Charakterisierung der Liebe, womöglich durch Jahrzehnte, immer wieder neu und vertieft zu erleben, der wird auch verstehen, was der Geistesforscher über den Welten-Sinn des Bösen vielgestaltig ausgeführt hat – insbesondere in dem Zyklus über *Die Apokalypse des Johannes*.[148] Muss doch der Mensch dem Verderben ausgesetzt sein, weil er ein freies Wesen werden soll.

Kann sich der Mensch als freies Geistwesen ja nur entwickeln, indem er, seit dem Beginn der Neuzeit, mit aller Intensität den Mächten des Bösen ausgesetzt ist. Der Abgrund der selbstsüchtigen Egoität, der Ichsucht beginnt sich im Zeitalter der Bewusstseinsseele weiter und weiter zu öffnen. Das aber ist die unabdingbare Voraussetzung für die wahre Freiheit. Der Mensch muss die Möglichkeit haben, sich willlentlich auch gegen den Weg der Liebe zu entscheiden; er muss den ahrimanischen Mächten, die unser Zeitalter mehr und mehr beherrschen, verfallen *wollen*. Er muss demgemäß ein atheistisch-nihilistisches «Ich»-Bewusstsein entwickeln können – muss sagen dürfen: «Ich bin ein Zufallsprodukt, das nur aus Atomen und Molekülen besteht.» Das *atheistische «Ich»-Bewusstsein* unserer Zeit muss sich mit autoritativem Anspruch ausleben dürfen. Ja, die Intelligenz muss sich so ausgestalten können, dass sie alles erforschen, alles erkennen will, *nur nicht sich selbst*. Wodurch die Menschheit auf diesem blauen «Staubkorn» sich selbst zu liquidieren begonnen hat. All das Apokalyptische, das auf diese Weise sich mehr und mehr verwirklicht, soll – so Steiner in der *Apokalypse des Johannes* – im «*Krieg aller gegen alle*» enden. Während die «Bruderliebe von Philadelphia» sich gleichzeitig weißmagisch entfaltet, wird die schwarze Magie Menschen dazu verführen, mit der Materie «Unzucht» zu treiben. Das aber besagt zugleich, dass sich die manichäische Liebe umso hilfreicher entwickeln wird.

Das Ich des Menschen ist ein *zweischneidiges Schwert*. Wer das nicht bedenkt, «der wird kaum den ganzen Sinn der Menschheits- und Weltentwickelung verstehen. Auf der einen Seite ist dieses Ich die Ursache dessen, dass die Menschen in sich selbst sich verhärten, dass sie alles, was ihnen zur Verfügung stehen kann an äußeren Dingen und inneren Gütern, in den Dienst dieses ihres Ichs einbeziehen wollen. Es ist dieses Ich die Ursache, dass sich alle Wünsche des Menschen darauf richten, dieses Ich als solches zu befriedigen. Wie dieses Ich danach strebt, ... aus seinem Gebiete alle anderen Iche hinwegzutreiben, sie zu bekriegen, zu bekämpfen: das ist die eine Seite des Ichs. Aber auf der anderen Seite dürfen wir nicht vergessen, dass dieses Ich zugleich dasjenige ist, was dem Menschen seine Selbständigkeit, seine innere Freiheit gibt, was den Menschen im wahrsten Sinne des Wortes erhöht. In diesem Ich ist seine Würde begründet. Es ist die Anlage zum Göttlichen im Menschen.»[149] – «Einzig und allein dann, wenn jedes Ich so frei und selbständig ist, dass es auch nicht lieben kann, ist seine Liebe eine völlig freie Gabe. Das ist sozusagen der göttliche Weltenplan, dieses Ich so selbständig zu machen, dass es aus Freiheit auch selbst dem Gott die Liebe als ein individuelles Wesen entgegenbringen kann. ... So wird das Ich das Unterpfand sein des höchsten Zieles des Menschen. So ist es aber zu gleicher Zeit, wenn es nicht die Liebe findet, wenn es sich in sich verhärtet, der Verführer, der ihn in den Abgrund stürzt. ... Auf allen Gebieten des Lebens wird also das Ich zum Zankapfel werden, und daher dürfen wir sagen, dass das Ich auf der einen Seite zum Höchsten und auf der anderen Seite zum Tiefsten führen wird. Deshalb ist es ein scharfes, zweischneidiges Schwert. Und derjenige, der da den Menschen gebracht hat das volle Ich-Bewusstsein, der Christus Jesus, er wird ... symbolisch in unserer Apokalypse mit Recht dargestellt als derjenige, der das scharfe, zweischneidige Schwert im Munde hat.»[150]

Das Menschen-Ich und die allwaltende Liebe

Der fünfundzwanzigjährige Rudolf Steiner wollte *nichts der Natur, sich selbst alles verdanken.* Und als der Dreißigjährige seine etwas überarbeitete Dissertation unter dem Titel *Wahrheit und Wissenschaft* der Öffentlichkeit zugänglich machte, lautete der letzte Satz: «Das wichtigste Problem allen menschlichen Denkens ist das: *den Menschen als auf sich selbst gegründete, freie Persönlichkeit zu begreifen.*»[151] Zu dieser Zeit arbeitete Steiner bereits an seiner *Philosophie der Freiheit*, in der es heißt: «Das gemeinsame Urwesen, das alle Menschen durchdringt, ergreift ... der Mensch in seinem Denken. Das mit dem Gedankeninhalt erfüllte Leben in der Wirklichkeit ist zugleich das Leben in Gott. Die Welt ist Gott. Das Jenseits beruht auf einem Missverständnis derer, die glauben, dass das Diesseits den Grund seines Bestandes nicht in sich hat. ... Der persönliche Gott ist nur der in ein Jenseits versetzte Mensch».[152]

Im ersten Teil der vorliegenden Studie war zu sehen, wie Aristoteles zweitausendzweihundert Jahre zuvor die Gottheit als den unbewegten Beweger unlöslich mit der ungewordenen und unvergänglichen Welt verbunden erlebt hatte – «außerhalb der Welt ist nichts»[153]. Am Ende des 19. Jahrhunderts verlegte Steiner das Zentrum der Gottheit *in das denkende Menschen-Ich,* das sich selbst als göttlich-wesenhaft erfährt.

Im 13. Kapitel der Erstausgabe der *Philosophie der Freiheit,* 1894, richtet Steiner den Blick auf «Die moralische Fantasie» und beginnt mit dem Satz: «Der *freie Geist* handelt nach seinen Impulsen, das sind Intuitionen, die aus dem Ganzen seiner Ideenwelt durch das Denken ausgewählt sind.» Können doch Ideen nur gedacht, nur intuitiv erfasst, nie hingegen sinnlich wahrgenommen werden. Der freie, eigenständige Menschengeist erlebt das Zentrum, aus dem seine Ideen, also auch seine moralischen Intuitionen stammen, in seinem Ichwesen: «Er kann keinen fortdauernden übernatürlichen Einfluß auf das sittliche Leben (göttliche Weltregierung von außen), noch einen zeitlichen durch eine besondere Offenbarung (Erteilung der zehn Gebote) oder durch Erscheinen Gottes auf der Erde (Göttlichkeit Christi) zulassen.»[154] Kein sittliches Ideal, so ist Steiner um 1894 überzeugt, darf dem freien Menschengeist von irgendeiner Autorität, und wäre es Gott selbst, aufgezwungen werden: wäre er doch dann seiner Eigenständigkeit, seiner *moralisch-schöpferischen Freiheit* und damit seines *wahren Menschseins* beraubt; mehr noch, sein Ich-Zentrum wäre ausgelöscht. «Der Monismus» – der alles aus seinem Ich heraus erfassende und gestaltende Mensch – «kennt keinen Weltenlenker, der außerhalb unserer selbst unseren Handlungen Ziel und Richtung setzte. Der Mensch findet keinen jenseitigen Urgrund des Daseins, dessen Ratschlüsse er erforschen könnte, um von ihm die Ziele zu erfahren, nach denen er mit seinen Handlungen hinzusteuern hat. Er ist auf sich selbst zurückgewiesen.»[155]

Als Steiner diese rigorose Überzeugung vertrat, blickte das abendländische Geistesleben auf eine zweitausendfünfhunderjährige Entwicklung zurück. Platon hatte seine Ideen als Urbilder erlebt, die in allen sinnlich wahrnehmbaren Erscheinungen nichts als schattenhafte Nachbilder besitzen. Während Aristoteles alle Entelechien wesenhaft mit der Erscheinungswelt verbunden sah. Für Steiner war das geistige Urwesen wesensgleich mit dem Ich-Zentrum des Menschen, weshalb alle moralischen Zielsetzungen und Handlungen aus dem Ich fließen müssen.

Fünfzig Jahre zuvor, 1845, hatte der von Hegel und Feuerbach ausgehende Max Stirner in seinem Hauptwerk *Der Einzige und sein Eigentum* mit letzter Entschiedenheit behauptet, dass alles menschliche Denken Abstraktion sei: Realität sei nur im menschlichen Ich. Stirner erlebte das tote Denken, das insbesondere seit dem Beginn des 15. Jahrhunderts sich als menschliche Intelligenz aus der kosmischen Intelligenz herausgelöst hatte und gleichsam im Menschen begraben war.[156] Nur im «Ich» meinte Stirner noch einen *realen* Begriff zu erfahren, weshalb seine Devise war: «Ich bin Alles in Allem.» Hatte zu Moses der «Ich bin der Ich-bin» noch aus dem Dornbusch gesprochen, so war das Ich-Erlebnis nunmehr zur atheistischen *Selbstgewissheit* des «Einzigen» geworden. Stirners «Ich» schwebte in der Gottes-Leere, schwebte im Nichts.

Im Januar 1925, wenige Monate vor seinem Tode, richtete Rudolf Steiner den Blick einmal mehr auf die umfassende Bedrohung der Menschheit im Zeitalter der Bewusstseinsseele, das sich seit dem 15. Jahrhundert in jener Weltschicht entwickelt, die gottleer geworden ist, wie im ersten Teil dieser Studie ausgeführt wurde. Nur in dieser Gott-leeren Welt kann der Mensch abstrakte Gedanken ausbilden, die kein Sein, kein Zwingendes beinhalten. Ist doch Freiheit nur zu verwirklichen, wenn die Gedanken kein Sein ber-

gen. «Es ist in der Menschen-Entwickelung», schreibt Steiner, «hier auf
den Abgrund des Nichts gedeutet, ... indem er (der Mensch) ein freies Wesen wird. Michaels Wirken und der Christus-Impuls machen den Sprung
möglich.»[157]

Nun hatte Steiner 1894 aber ausdrücklich jegliche Einwirkung von außen, von einer außerhalb des sich selbst bestimmenden Menschengeistes
existierenden Macht zurückgewiesen. Im Januar 1925 blickt Steiner auf dieses Dilemma: Der Mensch gelangt zur Freiheit, indem er sich dem Kosmos
gegenüber in das Nicht-Sein stürzt und sich im reinen Denken von allen
Kräften des Kosmos befreit. «Wäre es *nur* so», schreibt Steiner nunmehr,
«so leuchtete im Menschenwesen für einen kosmischen Augenblick die
Freiheit auf; aber in demselben Augenblick löste sich auch die Menschenwesenheit auf. – Aber, indem im Vorstellen der Mensch frei wird vom Kosmos, ist er doch in seinem nicht-bewussten Seelenwesen an seine vorigen
Erdenleben und Leben zwischen Tod und neuer Geburt angegliedert. Er
ist als bewusster Mensch im Bild-Sein, und er hält sich mit seinem Unbewussten in der geistigen Realität. Während er im *gegenwärtigen* Ich die
Freiheit erlebt, hält ihn sein *vergangenes* Ich in dem Sein.

In bezug auf das Sein ist im Vorstellen der Mensch ganz dem hingegeben,
das er durch die kosmische und irdische Vergangenheit hindurch geworden ist.»[158]

Das aber besagt, jede menschliche Individualität erfährt ihr selbstbewusstes Freiheits-Erlebnis auf einem unabsehbar vielgestaltigen seelisch-
geistigen Hintergrund: Jedes Menschen-Ich blickt, im Zusammenhang
mit seinem Doppelgänger, auf eine Gesamtentwicklung zurück, die diesen
«Sprung» über den Abgrund des Nichts zu einem individuellen Schick-
salsgeschehen ohnegleichen macht. Die Zwangsgewalten Luzifers und die
alle Freiheit hassenden ahrimanischen Mächte bedrohen den seine Freiheit
erlebenden Menschen und trachten sein Ich zu verfinstern – möglichst für
immer in ihren Bann zu ziehen. Mit anderen Worten, im Zeitalter der Bewusstseinsseele ist die Menschheit *unabsehbaren Schicksals-Prüfungen* ausgesetzt. Mächte des Bösen erheben sich aus den Untergründen der Seele,
die der Mensch so noch nie kennengelernt hat.

In seiner Autobiographie *Mein Lebensgang* schildert Steiner, welcher
Prüfung er gegen Ende des 19. Jahrhunderts ausgesetzt war. «Das Schicksal,» schreibt er, auf jene Zeit zurückblickend, «hatte nun mein Erleb-

nis ... mit Stirner so gewendet, dass ich auch da untertauchen musste in eine Gedankenwelt, die mir zur *geistigen Prüfung* wurde. Mein ethischer Individualismus war als reines Innen-Erlebnis des Menschen empfunden. Mir lag ganz fern, als ich ihn ausbildete, ihn zur Grundlage einer politischen Anschauung zu machen. Damals nun, um 1898 herum, sollte meine Seele mit dem rein ethischen Individualismus in eine Art Abgrund gerissen werden.»[159]

Rudolf Steiners ethischer Individualismus ist die notwendige Grundlage des seine Freiheit erfahrenden Menschen-Ich. Darf doch keine von außen einwirkende Autorität das Sanktuar der menschlichen Individualität betreten. Tiefste Einsamkeit ist der Preis der Freiheit – umlauert von allen Mächten des Bösen.

Im 156. Leitsatz charakterisiert Steiner diese Seelenprüfung mit den Worten: «Im Wachzustande muss der Mensch, um *sich* im vollen, freien Selbstbewusstsein zu erleben, auf das Erleben der wahren Gestalt der Wirklichkeit im eigenen und im Naturdasein verzichten. Er erhebt sich aus dem Meere dieser Wirklichkeit, um in den Gedankenschatten das *eigene Ich* zum wirklich *eigenen* Erleben zu machen.»[160]

Vorbereitet hat sich diese Seelenprüfung in der griechisch-lateinischen Kulturepoche. Bereits zwischen Platon und Aristoteles tat sich ein Abgrund auf, indem der Schüler und Freund nur noch Formen, nur noch Ideen zu erleben wusste, die mit der Materie untrennbar verbunden sind. Und seit dem 3. vorchristlichen Jahrhundert versiegte die philosophische Denkkraft – die Antike ging in zunehmenden Verfall über. Bestürzend deutlich wird das an Seneca, der das Schicksal als eine blinde, launischzerstörerische Gewalt betrachtete und überzeugt war: «aus dem Nichts geboren, kehren wir ins Nichts zurück.»[161] Wie nach ihm Marc Aurel, mit dem gegen Ende des 2. nachchristlichen Jahrhunderts die Stoa ihr Ende findet, überzeugt war, die Erde sei im All nichts als ein Staubkorn und alle menschlichen Angelegenheiten seien «Eintagsdinge», seien «ohne Belang, gestern noch ein bißchen Schleim, und morgen schon Mumie oder Asche!»[162]

Um die Zeitenwende erlebte sich der Mensch mit seinem Verstand und Gemüt im Würgegriff der Todesmächte: und selbst die edelsten Denker, insbesondere Epiktet, sahen tief bedrückt, wie der Mensch im Nichtigen versank, im Nichts seiner physischen Existenz.

In seinen Vorträgen über *Die Apokalypse des Johannes* machte Rudolf Steiner seinen Zuhörern bewusst, dass vom physischen Leib nach dem Tode in der Tat lediglich «ein Häuflein Asche» übrigbleibt, «das nur so künstlich in seien Teilen hingeordnet ist in den Lebensleib».[163] Innerhalb dieser Todeshülle aber entwickelt der Mensch sein individuelles Ich-Bewusstsein. «Eigentlich», so Steiner, «erreicht der Mensch die Linie, welche die geistige Welt vom Abgrund trennt, genau in dem vierten Zeitraum, ... als von Rom aus das Weltenreich sich ausbreitet und in diesem Weltenreich der Mensch sich voll bewusst wird als äußeres sinnliches Wesen, als Persönlichkeit. Das war dazumal, als der römische Rechtsbegriff in die Welt kam, als jeder eine Einzelpersönlichkeit, ein Einzelbürger sein wollte. Da hatte der Mensch diese Linie erreicht. In diesem Punkt war es möglich, entweder umzukehren oder aber hinunterzusinken.»[164]

Ohne das zentrale Geschehen der Menschheitsentwicklung, ohne das Mysterium von Golgatha, hätte der Mensch nur ein Ich-Bewusstsein erlangt, das mit dem Tode erlischt. Weshalb bereits im 8. vorchristlichen Jahrhundert Homer Odysseus erleben lässt, dass im Hades alle Menschen zu gespenstisch umherflatternden *Schatten* werden; und achthundert Jahre später weiß Seneca nur noch von einem *Nichts*, aus dem wir kommen und in das wir alsbald zurückkehren. Aber: «Der Mensch ist Götter-Ideal und Götter-Ziel.»[165] Der Vatergott sandte seinen eingeborenen Sohn, um die Geistgestalt des in den Erden-Tod verstrickten physischen Menschenleibes aus den Fängen der Untergangsmächte zu befreien und fortan sein eigenes Wesen mit dem Schicksal der Menschheit zu verbinden. Seither hat jedes Menschen-Ich die Wahl, sich seinerseits in Freiheit mit dem Christus, dem makrokosmischen ICH zu verbinden und damit zugleich sich selbst gegen die Mächte zu richten, die das Ich-Bewusstsein in lichtlose Tiefen hinabzuziehen bestrebt sind. Wie das im Gleichnis vom Sämann eindringlichst anschaubar wird: Jeder Mensch ist ein Logos-Same, der in den Todes-Acker der Welt gesät ist – untergehen oder aufgehen kann, hundertfältig, sechzigfältig, dreißigfältig, und leuchten wird in des Vaters Reich sonnengleich, während die Welt untergehen wird im Höllenfeuer. «Des Menschen Sohn ist's, der den guten Samen sät. Der Acker ist die Welt. Der gute Same sind die Kinder des Reichs. Das Unkraut sind die Kinder der Bosheit. Der Feind, der es sät, ist der Teufel. Die Ernte ist das Ende der Welt.»[166]

Indem Max Stirner ausrief, er sei mit seinem Ich «Alles in Allem», wurde er zum tragischen Repräsentanten des «Ich-bin», das in sich die Logoskraft erlebt – aber nur sein eigener Herr sein will, um sein Schicksal selbstbewusst zu gestalten.

In der Tat vermag kein Naturwesen – das sei abermals betont – ichbewusst sein Leben zu gestalten. Nur der Mensch ist auf sich selbst gegründet: nur er ist fähig, eigenständig *moralische und unmoralische* Ideen zu verwirklichen. Denn: «Unsere Welt ist in ihrem natürlichen Abglanz moralisch neutral. Aus unserer Welt wird eine künftige Welt erstehen, die in ihrem natürlichen Abglanz nicht moralisch neutral sein wird, sondern wo alles Moralische natürlich und alles Natürliche moralisch sein wird. Den Keim dazu trägt der Mensch durch seine moralischen Taten hinein in den Kosmos.»[167]

Der Ausgangspunkt zu dieser selbstverantwortlichen Erden-Menschheits-Entwicklung kann nur in einem «ethischen Individualismus» gegeben sein, wie ihn Rudolf Steiner vor der Wende zum 20. Jahrhundert auszubilden bestrebt war, und – mit dem er «an eine Art Abgrund» geführt wurde. Die «geistige Prüfung», der sich Steiner ausgesetzt sah, konnte er nur bestehen, indem er sich – wie er dies selbst darstellt – dazu durchkämpfte, seine im reinen Denken erlangte Erfahrung des freien Menschen-Ich mit dem zentralen Mysterium der gesamten Erdenentwicklung zusammenzuschließen: «Auf das geistige Gestanden-Haben vor dem Mysterium von Golgatha in innerster ernstester Erkenntnis-Feier kam es bei meiner Seelen-Enwickelung an.»[168] In diesem schlichten Satz fasst Rudolf Steiner in seinem *Lebensgang* sein Grals-Erlebnis zusammen.

Die «Prüfung der Seele» im Zeitalter der Bewusstseins-Entwicklung, die sich auf mehrere Inkarnationen erstrecken mag, offenbart, wie das Freiheits-Erlebnis des «Ich-bin» identisch ist mit der zentralen Bedrohung des Menschen. Das vollbewusste Erden-Ich birgt in sich das Entweder-Oder als Freiheits-Entfaltung – in der freiwilligen Verbindung mit den Mächten der Selbstsucht oder der selbstverantworteten Kommunion mit dem makrokosmischen ICH.

So ist denn wahrlich das Menschen-Ich ein zweischneidiges Schwert. «Der Mensch kann sich in seiner Menschenwesenheit voll erfühlen, indem er sich als freie Individualität gewahr wird. Aber eine Verfinsterung ist damit doch verbunden. Das Göttlich-Geistige der Urzeit leuchtet nicht mehr. Im Lichte, das der Christus dem Menschen-Ich bringt, ist das Ur-licht wieder da. Es kann in solchem Zusammenleben mit dem Christus der beseligende Gedanke sonnenhaft die ganze Seele durchglänzen: Das uralt-herrliche göttliche Licht ist wieder da; es leuchtet, obwohl sein Leuchten kein naturhaftes ist.» In diesem Geisteslicht wird dem Menschen jene Michael-Kraft zufließen, «die ihn wahrnehmend mit immer höherem und weiterem Bewusstsein der Welt zuführt, in der er sich als freier Mensch mit den Göttern seines Ursprungs wiederfindet.»[169] Wiederfindet, obwohl er sich zuvor in der untergehenden vatergöttlichen Schöpfung zur freien Individualität entwickelt hat.

Wohl über nichts – so wurde bereits erwähnt – hat Rudolf Steiner durch die Jahre seiner Wirksamkeit derart vielseitig und vielschichtig gesprochen wie über seine *Philosophie der Freiheit*, die als ein okkultes Zentrum ange-sehen werden kann, in dem der Keim der zehnten Hierarchie, des Geistes der Freiheit und der Liebe, in wundersamster Weise aufsprießt.

In den *Leitsätze*n blickt Steiner kurz vor seinem Tode, im März 1925, noch einmal auf die intellektuelle Schicksalslage der Zeit, in die er hin-eingeboren worden war: «Stumpf werden die Erkenntniskräfte für das Geistige besonders im achtzehnten Jahrhundert.

Die Denker verlieren aus ihren Ideen den geistigen Inhalt. Sie machen im Idealismus von der ersten Hälfte des neunzehnten Jahrhunderts die geist-leeren Ideen selbst als schaffenden Welt-Inhalt geltend. So Fichte, Schel-ling, Hegel; ... Die Ideen sind tot, wenn sie den lebendigen Geist nicht suchen.

Der geistige Blick für das Geistige geht nun einmal verloren.

Eine ‹Fortsetzung› des alten Geist-Erkennens ist nicht möglich. Es müssen die Seelenkräfte, indem die Bewusstseinsseele sich in ihnen entfal-tet, ihre erneuerte elementare, unmittelbar lebendige Verbindung mit der Geist-Welt erstreben. Anthroposophie will dieses Erstreben sein.»[170]

Der vatergöttliche Kosmos musste ersterben, damit das Menschen-Ich, der Keim der zehnten Hierarchie, in seiner Freiheit erstehen konnte. Soll doch aus dem Zentrum des Menschenwesens die bisherige Schöpfung wei-tergeführt werden.

Wird der Astralleib mit seinen Triebkräften vom Ich-Wesen nach und nach umgewandelt, dann wird das *Geistselbst* erbildet, was auf dem Jupiter, der nächsten Metamorphose unserer Erde, zum Abschluss gelangen soll.

Wird sodann das zum Geistselbst aufgestiegene Menschen-Ich den Ätherleib mit seinen Lebenskräften spirituell durchdringen, dann wird dieser in
den *Lebensgeist* metamorphosiert: die Venusstufe der Erde wird sich offenbaren. Erst dann wird der physische Leib vom Menschen-Ich umgestaltet
werden können; bietet dieser doch den größten Widerstand. Als der Auf-
erstehungsleib auf Golgatha im Ostermysterium aufleuchtete – Grüne-
wald hat all seine Kunst aufgewendet, ihn erahnbar werden zu lassen –, da
wurde der Keim der Vulkanstufe unserer Erde in ihr zukünftiges Werden
eingepflanzt: der *Geistesmensch* hat begonnen, sich zu entwickeln, getragen
von dem ICH.

Niemand hat dergestalt das Wesen der Metamorphose erfasst wie
Goethe. Weshalb der junge Rudolf Steiner Goethe den «Kopernikus und
Kepler der organischen Welt»[171] genannt hat. Das ist ja das Urgeheimnis
aller Gestalt-Verwandlungen, dass ein Wesen sich in ihnen offenbart, indem es sich zugleich umso eindringlicher als wesenhafte Ganzheit verbirgt.
Die Zeitgestalt einer Pflanze wie auch eines Insekts, etwa eines Schmetter-
lings, erscheint im Raum stets nur mit einem Teil ihres Wesens. Als Ei, als
Raupe, als Larve und als Imago offenbart und verbirgt sich das Pfauenauge
von einer Entwicklungsstufe zur anderen.

Dieses Urmysterium der Verwandlung, das sich *Offenbarend-Verbergen-
den* hat Rudolf Steiner – der Kopernikus der seelisch-geistigen Welt
– gleichsam aus den Händen Goethes empfangen und spirituell wei-
tergebildet. Indem Steiner veranschaulicht, wie das tätige Menschen-
Ich zuerst seinen Seelenleib in das Geistselbst umbildet, dann seinen
Lebensleib in den Lebensgeist umzugestalten vermag, und zuletzt dem
physischen Leib den Geistesmenschen entbindet, erschließt er das Mysterium magnum, die Evolution vom Saturn- zum Vulkanzustand unserer
Erde, die gegenwärtig wie ein Staubkorn im Weltall erscheint, gleich
einer Eizelle im Uterus aber der Ausgangspunkt eines neuen werdenden
Kosmos ist.[172]

In der *Geheimwissenschaft im Umriss* richtet Steiner den Blick des Le-
sers auf dieses Mysterium magnun vor einem bestimmten Hintergrund.
In dem Kapitel über «Das Wesen der Menschheit» charakterisiert er den
siebengliedrigen Menschen. Indem das Ich den astralischen, ätherischen
und physischen Leib von innen umgestaltet, offenbart sich dieses Ich selbst
als Geistselbst, Lebensgeist und Geistesmensch. «Wie das Licht in sieben

Farben, der Ton in sieben Stufen erscheint, so die *einheitliche* Menschennatur in den gekennzeichneten sieben Gliedern.»[173] Was aber besagt: Das *Urbild des Menschen* erscheint siebengliedrig, und es schafft sich innerhalb dieser Siebengliedrigkeit im tätigen «Ich» ein Zentrum als Abbild seines ICH, das in und hinter seinen sieben Gliedern verborgen bleibt.[174]

Wollen wir unser Menschen-Ich wahrhaft erleben lernen, dann beginnen wir zu ahnen, dass unser Ich-Bewusstsein ein Abglanz ist der in den neun Hierarchien verborgen tätigen Trinität – des Urquells der allwaltenden Liebe.

In seinen Vorträgen zum *Fünften Evangelium* hat Rudolf Steiner am 2. Oktober 1913 in Kristiania (Oslo) ausgeführt, wie die Jünger beim Pfingst-Ereignisse erlebten, dass sie wie aus einem Traum erwachten. «Und dieses Erwachen, schon das fühlten sie in einer eigentümlichen Weise: sie fühlten tatsächlich, wie wenn aus dem Weltenall niedergestiegen wäre auf sie etwas, was man nur nennen könnte die Substanz der allwaltenden Liebe. ... Wie wenn durch alles dasjenige, was als die ursprüngliche Kraft der Liebe, die das Weltall durchdringt und durchwärmt, sie auferweckt worden wären, wie wenn diese ursprüngliche Kraft der Liebe in die Seele eines jeden Einzelnen sich gesenkt hätte ...»[175].

Hatte sich das *Erden-Ich* des einzelnen Menschen dadurch entwickelt, dass es aus dem vatergöttlichen Urwesen herausgelöst worden war, indem gleichzeitig der Kosmos erstarb und die luziferisch-ahrimanischen Mächte dieses «Ich» herausführten aus der göttlich-geistigen Welt, aus der allwaltenden Liebe, so wurde durch das Mysterium von Golgatha im Pfingstgeschehen diese göttliche Substanz der Liebe in die Erden-Iche der Jünger gesenkt. «Mit einer heiligen Scheu nur kann man sich entschließen, von diesen Dingen zu reden.» So Steiner im selben Vortrag.

Indem sich der Christus durch seinen Kreuzestod mit dem gesamten Fortgang der Erdenevolution verbunden hatte, wurde das Ich des Menschen, dieser Same des Logos, davor bewahrt, den Seelen-Tod erleiden zu müssen. Zwar kann sich das Ich nach wie vor in sich selbst, in der entspiritualisierten Seele, verhärten. Aber das Erden-Ich vermag seine Freiheit auch im Quell der «allwaltenden kosmischen Liebe» auszuheilen. Denn: «Der Tod des Jesus von Nazareth war die Geburt der allwaltenden kosmischen Liebe innerhalb der Erdensphäre.»[176] Seither hat das Menschen-Ich die Möglichkeit, selbstverantwortlich zu wählen zwischen der unheilvollen Selbstliebe und der selbstlosen Entfaltung seines Ich-Wesens im kosmischen ICH.

Das aber bedeutet zugleich, dass insbesondere das Manichäertum, «die tiefste aller okkulten Strömungen», die zur Bekehrung des Bösen alle Liebeskraft aufzuwenden bestrebt sein wird, die Christuskraft im Menschen-Ich heilsam bestärkt. Denn: «Das Gute würde nicht ein so großes Gutes sein, wenn es nicht also wachsen würde durch die Überwindung des Bösen. Die Liebe würde keine so intensive sein, wenn sie nicht eine so große Liebe werden müsste, um selbst das Hässliche im Antlitze der bösen Menschen zu überwinden.» Das Böse ist im Schöpfungsplan begründet. «Es ist darinnen, dass durch es einmal das große Gute sei.»[177]

Dann wird alles Natürliche moralisch, alle Moralische natürlich sein.

Anmerkungen

1 Rudolf Steiner, *Geistige Hierarchien und ihre Widerspiegelung in der physischen Welt*, GA 110, Dornach 1972, Vortrag vom 18. April 1909, abends.

2 Rudolf Steiner, *Anthroposophische Leitsätze*, GA 26, Dornach 1962, S. 185.

3 Annita Lasker-Wallfisch, Mitte Januar in einer späten Abendsendung des ZDF.

4 Marta Wise, *Der Spiegel*, 5/2015, S. 66.

5 Konrad Lorenz, *Die acht Todsünden der zivilisierten Menschheit*, München 1973.

6 Volker Storch, Ulrich Welsch, Michael Wink: *Evolutionsbiologie*, Berlin, Heidelberg, New York [2]2007, S. 504.

7 Wilhelm Capelle, *Die Vorsokratiker*, Stuttgart 1968, S. 378.

8 Volker Storch, Ulrich Welsch, Michael Wink: *Evolutionsbiologie*, Berlin, Heidelberg, New York [2]2007, S. 505.

9 *Die Philosophie, Kosmologie und Religion in der Anthroposophie*, GA 215, Dornach [2]1980, Vortrag vom 14. September 1922.

10 Immanuel Kant, *Die drei Kritiken*, Stuttgart 1975, S. 37.

11 Ebenda, S. 328ff.

12 Ebenda, S. 378ff.

13 Ebenda, S. 375f.

14 Ebenda, S. 377.

15 Johann Wolfgang Goethe, *Werke*, Band 13, München [8]1982, S. 30f. Anschauende Urteilskraft (1817).

16 Ebenda.

17 Johann Wolfgang Goethe, «Im ernsten Beinhaus war's wo ich beschaute», *Werke*, Insel-Ausgabe, Erster Band, Frankfurt am Main 1965, S. 491f.

18 Friedrich Schiller, Etwas über die erste Menschengesellschaft nach dem Leitfaden der mosaischen Urkunde, *Sämtliche Werke*, Band 4, München [7]1958, S. 767ff.

19 Friedrich Schiller, *Sämtliche Werke*, München [8]1989, 5. Band, S. 647.

20 Ebenda, S. 483. Über Anmut und Würde.

21 Platon, *Hauptwerke*, Stuttgart 1973, *Gorgias*, S. 35.

22 Platon, *Phaidros*, Stuttgart 1973, S. 145-150.

23 Platon, *Hauptwerke*, Stuttgart 1973, *Der Staat*, 1973, S. 184-190. – Man denke nur an die Ordensburgen des Dritten Reiches, die offenbar zum Teil von Ideen

Platons ableitbar sind. Heißt es doch unter anderem im *Staat:* «Dass diese Frauen alle allen diesen Männern gemeinsam seien, keine aber irgend einem besonders beiwohne, und so auch die Kinder gemeinsam, so dass weder ein Vater sein Kind kenne noch ein Kind seinen Vater.» (S. 184) «Also, sprach ich, du als Gesetzgeber wirst, wie du die Männer ausgewählt hast, so auch die Frauen auswählen und ihnen übergeben, und zwar solche, die ihnen ihrer Naturanlage nach möglichst ähnlich sind. Weil sie nun gemeinsame Wohnungen und Mahlzeiten haben und keiner von ihnen etwas derart für sich allein hat, werden sie also zusammenleben.» (S. 185) Wobei «die trefflichsten Männer den trefflichsten Frauen so oft als möglich, die minderwertigsten Männer den minderwertigsten Frauen so selten als möglich beiwohnen; und die Kinder jener sollen aufgezogen werden, die dieser nicht, wenn die Herde auf der Höhe bleiben soll; und dies alles muss völlig unbekannt bleiben, außer dem Regenten selbst, wenn die Gesamtheit der Wächter möglichst durch keine Zwietracht gestört werden soll. ... Die Menge aber der Hochzeiten wollen wir dem Regenten freistellen, damit diese, indem sie Kriege und Krankheiten und alles dergleichen mit in Anschlag bringen, uns möglichst dieselbe Anzahl von Männern erhalten, und so der Staat nach Möglichkeit weder größer noch kleiner werde.» (S. 187) – Platons «Philosophenkönig» verfährt unumschränkt zum Wohle der Polis und schreckt auch nicht vor Täuschung, Betrug und «gewaltsamer Verhinderung» zum Wohle des Ganzen zurück. Die Staatsverwaltung und die Philosophie müssen in einer Person garantiert sein. Sonst «gibt es kein Ende des Unheils für die Staaten, ja ich glaube für das Menschengeschlecht». (S.190) – Platon kennt nur ein Urbild der Menschheit, das dem Urbild der Tierheit gleicht: das *Urbild der sich selbst bestimmenden Individualität* ist ihm nicht zugänglich.

24 Platon, *Hauptwerke*, Stuttgart 1973, S. 308f.

25 Ebenda, S. 312.

26 Ebenda, S. 329.

27 Aristoteles, *Hauptwerke*, Stuttgart-Degerloch 1968, S. 44.

28 Ebenda, S. 29f.

29 Ebenda, S. 37.

30 Werner Jaeger, *Aristoteles*, Berlin-Neukölln [2]1955, S. 361ff. –
    W. Jaeger veröffentlichte sein bedeutsames Werk über Aristoteles 1923. Erstmalig veranschaulichte er, dass Aristoteles eine Entwicklung durchlaufen und die Empirie als Selbstzweck eingeführt hat. Seite 361f. zitiert Jaeger Aristoteles: «Die Wesen der natürlichen Wirklichkeit zerfallen in solche, die in alle Ewigkeit un-

geworden und unvergänglich sind, und solche, die am Werden und Vergehen teilhaben. Es steht mit diesen beiden nun so, dass wir in jene erhabenen und göttlichen Dinge eine geringe Einsicht haben – gibt es doch für sie und überhaupt für die Gegenstände, deren Erkenntnis unsere eigentliche Sehnsucht ist, nur ganz geringe unserer Wahrnehmung zugängliche Erkenntnisgrundlagen –, dagegen für die vergänglichen Dinge, sowohl Pflanzen wie Tiere, stehen uns reichlichere Erkenntnisquellen zu Gebote, weil wir mitten unter ihnen aufwachsen und leben.

Man kann eine ganze Menge über die Beschaffenheit einer jeden Gattung herausbekommen, wenn man nur den Willen zu ehrlicher Arbeit mitbringt. Beides hat ja seinen Reiz. Mögen wir an die höheren Sphären kaum heranreichen, so ist uns diese Art des Erkennens doch ihres absoluten Wertes wegen lieber als alle Dinge unserer eigenen Welt, gleichwie es süßer ist, von einem geliebten Wesen irgend ein noch so kleines Zipfelchen zu erspähen, als vieles andere und selbst Bedeutende mit Genauigkeit zu betrachten. Die anderen Gegenstände sind in höherem Grade und größerer Anzahl dem Erkennen zugänglich und erringen daher in wissenschaftlicher Hinsicht den Vorrang, und da sie uns näher stehen und unserer Natur verwandter sind, so vermögen sie uns für die fehlende Erkenntnis der göttlichen Welt eine Art Ersatz zu gewähren.» – Für Aristoteles, der die in alle Ewigkeit ungewordenen und unvergänglichen Wesen höher schätzt als die empirisch erfassbaren, ist die Erforschung letzterer *«eine Art Ersatz»* für die Erkenntnis der in alle Ewigkeit ungewordenen und unvergänglichen Wesen, die aber keine Urbilder im Sinne Platons sind.

31 Rudolf Steiner, *Aus der Akasha-Forschung*, GA 148, Dornach [5]1992, Vortrag vom 1. Oktober 1913.

32 Aristoteles, *Hauptwerke*, Stuttgart-Degerloch 1968, S. 98.

33 Ebenda, S. 104.

34 Ebenda, S. 237.

35 Ebenda, S. 243.

36 Ebenda, S. 283f. *Nikomachische Ethik*.

37 Thomas von Aquino, *Summe der Theologie*, 3 Bände, Stuttgart 1985.

38 Thomas von Aquino, *Summe der Theologie*, 3. Band, S. 52, S. 62.

39 Thomas von Aquinos *Summe der Theologie* blieb unvollendet. Kurz vor seinem Tode sagte Thomas zu seinem Freund Rainald von Piperno: «Rainald, ich kann nicht mehr: denn alles, was ich geschrieben habe, kommt mir vor wie Spreu.» (Joseph Bernhart, *Summe der Theologie*, Einleitung, S. XLV.)

40 J. H. v. Kirchmann, *Franz Bacon' Neues Organon*, Berlin 1870, S. 59.

41 Rudolf Steiner, *Grundlinien einer Erkenntnistheorie der Goetheschen Weltan-schauung*, GA 2, (1886) Dornach ⁷1979. – Der Autor hat sich erlaubt, zentrale Gedanken dieser ersten Schrift Rudolf Steiners miteinander zu verknüpfen.

42 Aristoteles, *Hauptwerke*, Stuttgart-Degerloch 1968, S. 51.

43 Ebenda, S. 49ff. *Ältere Metaphysik.*

44 Ebenda, S. 179.

45 Johannes Kepler, *Der Mensch und die Sterne*, Frankfurt am Main 1953, S. 37. Brief an Herwart von Hohenburg, 10. Februar 1605. Hervorhebung durch den Verfasser.

46 Ebenda, Brief vom 26. März 1598 an denselben Adligen.

47 Ebenda, an Baron Strahlendorf, 23. Oktober 1613.

48 Friedrich Schiller, *Sämtliche Werke*, 5. Band, München 1959, Über das Erhabene, S. 805.

49 Ebenda, 5. Band, S. 796.

50 Ebenda, 5. Band, S. 797.

51 Otto Palmer hat 1966 über die *Philosophie der Freiheit* eine verdienstvolle Mono-graphie im Verlag Freies Geistesleben vorgelegt, in der er einen Überblick gibt über die ungeheure Spannweite der von Steiner selbst entwickelten Gedanken zu seiner Freiheitsphilosophie.

52 Aristoteles, *Hauptwerke, Aus der Älteren Metaphysik*, Stuttgart-Degerloch 1968, S. 39-52.

53 Ebenda, S. 49.

54 Rudolf Steiner, *Die Philosophie der Freiheit*, GA 4, Dornach 1962, IX. Die Idee der Freiheit, S. 145.

55 Ebenda, S. 146.

56 Ebenda, S. 40, 43.

57 Aristoteles, *Hauptwerke*, Stuttgart-Degerloch 1968, S. 49.

58 Rudolf Steiner, *Die Philosophie der Freiheit*, GA 4, Dornach 1962, S. 46.

59 Ebenda, S. 47.

60 Ebenda, S. 60.

61 Ebenda, S. 172.

62 Ebenda, S. 179.

63 Ebenda, S. 193.

64 Rudolf Steiner, *Grundlinien einer Erkenntnistheorie der Goetheschen Weltan-schauung*, GA 2, Dornach ⁷1979, 20. Optimismus und Pessimismus, S. 129.

65 Rudolf Steiner, *Mein Lebensgang*, GA 28, S. 130f. – Der Untertitel zu den *Grundlinien einer Erkenntnistheorie der Goetheschen Weltanschauung* wird leicht übersehen. Steiner hat seine Ausführungen 1886 «Mit besonderer Rücksicht auf Schiller» gestaltet, der betont hatte, die Natur habe den Menschen verstoßen, oder besser, «er selbst riss ab von dem leitenden Bande» und begab sich «auf den gefährlichen Weg zur moralischen Freiheit».

66 Rudolf Steiner, *Anthroposophische Leitsätze*, GA 26, Dornach 1962, 9. November 1924, S. 112.

67 Ebenda.

68 Johann Wolfgang Goethe, *Zur Farbenlehre*. Vorwort.

69 Johann Wolfgang Goethe, *Maximen und Reflexionen*, 1299.

70 Goethe an Zelter, 17. Mai 1829.

71 Jochen Kirchhoff, *Kopernikus*, rororo-Monographie, Reinbek 1990, S. 27f.

72 Rudolf Steiner, *Anthroposophische Leitsätze*, GA 26, Dornach 1962, S. 169.

73 Rudolf Steiner, *Anthroposophische Leitsätze*, GA 26, Dornach 1962, S. 216f.

74 Ebenda, S. 203.

75 Ebenda, S. 206, 156. Leitsatz. – Die vorstehend zusammengestellten Aussagen Rudolf Steiners können wesentlich vertieft werden, wenn sie im kontinuierlichen Zusammenhang erarbeitet werden.

76 Ebenda, S. 217.

77 Ebenda, S. 196.

78 Rudolf Steiner, *Anthroposophische Leitsätze*, GA 26, Dornach 1962, S. 96.

79 Thomas von Aquino, *Summe der Theologie*, Erster Band, S. 22f., Stuttgart 1985.

80 In Rudolf Steiners *Seelenkalender* lautet der 11. Wochenspruch:

> Es ist in dieser Sonnenstunde
> An dir, die weise Kunde zu erkennen:
> An Weltenschönheit hingegeben,
> In dir dich fühlend zu durchleben:
> Verlieren kann das Menschen-Ich
> Und finden sich im Welten-Ich.

81 Rudolf Steiner, *Mein Lebensgang*, GA 28, Dornach 1953, S. 367.

82 Rudolf Steiner, *Die Philosophie des Thomas von Aquino*, GA 74, Dornach [4]1993, S. 104f. Damit aber war zugleich gesagt, «wie gerade die philosophisch getreue Grundlegung der Geisteswissenschaft in meinen (voranthroposophischen) Schriften zu finden ist.»

83 Rudolf Steiner, *Philosophie und Anthroposophie*, GA 35, Dornach 1965, S. 102.

84 Ebenda, S. 102-106.

85 Ebenda, S. 109.

86 Rudolf Steiner, *Anthroposophische Leitsätze*, GA 26, Dornach 1962, S. 96.

87 Ebenda, S. 85.

88 Ebenda, S. 163.

89 Ebenda, S. 163f.

90 Rudolf Steiner, *Die Evolution vom Gesichtspunkte des Wahrhaftigen*, GA 132, Dornach ⁵1979, S. 54f.

91 Ebenda, S. 85.

92 Ebenda, S. 86.

93 Rudolf Steiner, *Anthroposophische Leitsätze*, GA 26, Dornach 1962, S. 14. Erster Leitsatz.

94 Ebenda, S. 201. 155. Leitsatz.

95 Ebenda, S. 174.

96 Rudolf Steiner, *Wie erlangt man Erkenntnisse der höheren Welten?*, GA 10, Dornach ⁸2004, S. 206f. – Eindringlich wird im 13. Kapitel des Matthäus-Evangeliums anschaubar, wie diese Welt der Acker ist, in den der Logos den Samen sät. Etliches fällt an den Wegesrand und die Vögel fressen es auf. Etliches fällt auf Felsgestein und verwelkt. Etliches fällt unter die Dornen und wird erstickt. Etliches fällt auf gutes Land und trägt Frucht, etliches hundertfältig, etliches sechzigfältig, etliches dreißigfältig. – Den Jüngern deutet Jesus dieses Gleichnis: Viele verstehen das Wort nicht, das da gesät wird, und Satan reißt aus ihren Herzen das Gesäte; andere nehmen's mit Freuden auf, aber es verwurzelt sich nicht in ihnen, denn sie sind wetterwendisch und wenn sie um des Wortes willen Trübsal erleiden, dann bestehen sie die Prüfung nicht; und andere hören das Wort zwar, aber die Sorgen dieser Welt und das Verlangen nach Reichtum ersticken in ihnen den Logos.

«Des Menschen Sohn ist's, der den guten Samen sät. Der Acker ist die Welt. Der gute Same sind die Kinder des Reichs. Das Unkraut sind die Kinder der Bosheit. Der Feind, der es sät, ist der Teufel. Die Ernte ist das Ende der Welt.» Diejenigen aber, die das Wort aufnehmen, werden «leuchten wie die Sonne in ihres Vaters Reich.»

97 Rudolf Steiner, *Wie erlangt man Erkenntnisse höherer Welten?*, GA 10, Dornach ⁸2004, S. 207.

98 Ebenda, S. 207f.

99 Rudolf Steiner, *Perspektiven der Menschheitsentwickelung*, GA 204, Dornach 1979, Vortrag vom 3. Juni 1921, S. 290.

100 Rudolf Steiner, *Die Geheimwissenschaft im Umriss*, GA 13, Dornach [30]1989, S. 415.

101 Rudolf Steiner, *Geistige Hierarchien und ihre Widerspiegelung in der physischen Welt. Tierkreis, Planeten, Kosmos*, GA 110, Dornach [7]1991, S. 173ff.

102 Johann Wolfgang Goethe, *Faust I*, Vor dem Tor.

103 Augustinus, *Bekenntnisse*, München 1957, S. 140.

104 Ebenda, S.123.

105 Ebenda, S.113.

106 Karl Jaspers, *Die großen Philosophen*, München 1957, S. 375. 327.

107 Erik Hornung, *Das Totenbuch der Ägypter*, Zürich u. München 1979, S. 365-371.

108 1. Mose, 2 u. 3.

109 Hiob 19, 25.

110 Ebenda, 42, 17.

111 Calderón gestaltete das Drama nach der frühmittelalterlichen Legende vom Heiligen Cyprianus, der magische Zauberkräfte ersehnt.

112 Rudolf Steiner, *Wie erlangt man Erkenntnisse der höheren Welten?*, GA 10, Dornach [8]2004, S. 207-208.

113 Ebenda, S. 210.

114 Ebenda, S. 193.

115 Ebenda, S. 194f.

116 Ebenda, S 206f.

117 Ebenda, S. 209.

117a Ebenda, S. 198.

118 Rudolf Steiner, *Ein Weg zur Selbsterkenntnis des Menschen*, GA 16, Dornach [8]2004, S. 40f.

118a Ebenda, S. 47.

119 Rudolf Steiner, *Die Geheimwissenschaft im Umriss*, GA 13, Dornach [30]1989, S. 372-396 – Rudolf Steiner gibt auf den genannten Seiten dieses grundlegenden Werkes bedeutsame Einblicke in die Wesenszüge des «kleinen» und des «großen Hüters der Schwelle». Der erstere erweist sich als diejenige Gestalt, die das Wahrbild des eigenen noch unausgeglichenen Karmas ist, das die von Inkarnation zu Inkarnation gegangene Individualität angehäuft hat. Während der «große Hüter der Schwelle» sich dem Eingeweihten zuletzt durch Intuition als das «große menschliche Erdenvorbild», als der Christus offenbart, mit dem sich der Mensch in fernster Zukunft vereinen wird, wenn er das Erden-Ich überwunden hat. Der kleine Hüter ist als reale astrale Gestalt der

Schicksals-Wesenskern des einzelnen Menschen und wird von Steiner mit dem Doppelgänger identifiziert. Auf Seite 388 führt er demgemäß aus: «Man muss das betrachten, was als *der* Doppelgänger, *der* ‹Hüter der Schwelle› auftritt, und es vor das ‹höhere Selbst› stellen, damit man den Abstand bemerken kann zwischen dem, was man ist, und dem, was man werden soll. Bei dieser Betrachtung beginnt der ‹Hüter der Schwelle› aber eine *ganz andere Gestalt anzunehmen*. (Hervorhebungen durch den Autor) Er stellt sich dar als ein Bild aller der *Hindernisse*, welche sich der Entwickelung des ‹höheren Selbst› entgegenstellen. Man wird wahrnehmen, welche Last man an dem gewöhnlichen Selbst schleppt.»

Im Zusammenhang mit anderen spirituellen Inhalten bezeichnet Steiner den Hüter der Schwelle, den Doppelgänger auch mit völlig anderen Worten. In seinen Auto-Referaten zu den zehn Vorträgen des «Französischen Kurses» vom 6. bis 15. September, «X. Das Erleben des Willensteiles der Seele in seiner Wirkung bis über den Tod hinaus», schildert Steiner (S. 83-88) den Hüter der Schwelle mit bedeutsam-ergänzenden Begriffsbildungen: «Der Willensteil der Seele», heißt es da, «erlebt dasjenige mit, was in dem Gefühlsteil vor sich geht. Dieses Erleben vollzieht sich für das gewöhnliche Seelenleben unbewusst. Aber es geht in den Tiefen der Menschenorganisation als ein Tatsachenzusammenhang vor sich. Da gestaltet sich das durch Gefühl und Wille vollzogene Bewerten der menschlichen Erdentätigkeit zu dem Streben um, der minderwertigen Tat eine wertvolle im weiteren Erleben entgegenzusetzen. Es wird die ganze moralische Qualität des Menschen unbewusst erlebt; und aus diesem Erleben formt sich eine Art geistig-seelischer Wesenheit, die während des Erdendaseins in der unbewussten Region des Menschenwesens heranwächst. Sie stellt dasjenige dar, was sich als zu erreichendes Ziel aus dem Erdendasein ergibt, zu dem aber der Mensch in *diesem* nicht gelangen kann, weil der physische und ätherische Organismus, die aus dem vorigen Erdenleben ihre bestimmte Gestaltung haben, dies nicht ermöglichen. Es ist deshalb in dem Menschen durch diese geistig-seelische Wesenheit das Bestreben, einen andern physischen uns ätherischen Organismus zu bilden, durch den das moralische Ergebnis des Erdendaseins im weiteren Erleben umgestaltet werden kann.

Die Bildung eines solchen physischen und ätherischen Organismus kann nur bewirkt werden, indem der Mensch die gekennzeichnete geistig-seelische Wesenheit durch die Pforte des Todes in die übersinnliche Welt trägt.»

Steiner schildert im weiteren, wie unmittelbar nach dem Tode «nur eine An-
deutung des im Erdenleben entstandenen, unbewussten moralischen geistig-seelischen Wertwesens» auftritt, in der folgenden Kamalokazeit «zwar ein deutli-
ches Bewusstsein dieser moralischen Wertwesenheit vorhanden», aber die Seele
noch unfähig ist, den «Geistkeim für den folgenden physischen Erdenorganis-
mus» aufzubauen. Der Mensch muss das reale Wert-Wesen in der Kamaloka-
Region zurücklassen. Hat doch dieses «moralisch-geistige Wertwesen» keine
Verwandtschaft mit dem Devachan, sondern «mit den geistigen Mondenkräf-
ten», die den Menschen an der Erde festhalten.» Der Mensch aber muss in der
geistigen Sonnenregion mit den göttlich-geistigen Wesen «unbeschwert durch
jenes Wesen» den Geist-Keim seines nächsten physischen Organismus erbilden.
Tritt der Mensch sodann wieder in die Mondensphäre ein, so findet er «da die
moralisch-geistige Wert-Wesenheit, die er beim Eintritt in das reine Sternen-
dasein zurückgelassen hat; und er gliedert sie seinem seelisch-geistigen Wesen
ein, um sie zur Grundlage seines schicksalsgemäßen (kosmisch bestimmten)
folgenden Erdenlebens zu machen.»

Im weiteren charakterisiert Steiner das moralisch-geistige Wertwesen als den
Bildner des Schicksals; und er bezeichnet «den Christus als den Mittler eines
erneuten religiösen Bewusstseins, als den Weltenführer in der Freiheit».

In den zehn Vorträgen über *Die Philosophie, Kosmologie und Religion in der
Anthroposophie* (GA 215, Dornach [2]1980) werden die vorstehend skizzierten Inhalte differenziert ausgeführt. Die Bedeutung des «Hüters der Schwelle», des
«Doppelgängers», des «Schicksalskernes» – im engsten Zusammenhang mit
der Umwandlung des amoralischen (vatergöttlichen) in den moralischen (sohnesgöttlichen) Kosmos – wird aufs eindringlichste erlebbar.

In den ersten beiden Vorträgen von *Die Grundimpulse des weltgeschichtlichen
Werdens der Menschheit* (GA 216, Dornach [3]1988) ergänzt Steiner die vorstehend umrissenen Inhalte bedeutsamst. Das Abbild des menschlichen moralisch-
geistigen Wertwesens wird unter anderem als einer Art geistigen «Elementarwesenheit», als eine «lebendige Photographie, herausgebildet aus der Substanz des
astralischen Kosmos» (S. 13), als «moralisch-kosmischer Wesenskern» (S. 22),
als «lebendig-elementarische Wesenheit» (S. 39) anschaubar, die gleichsam das
Umwandlungsorgan ist für die moralische Zukunftsgestalt des neuen Himmels
und der neuen Erde.

120 Rudolf Steiner, *Die Geheimwissenschaft im Umriss*, GA 13, Dornach [30]1989,
S. 381.

121 Ebenda, S. 390.

122 Ebenda, S. 388f.

123 Ebenda, S. 394f.

124 Rudolf Steiner, *Wie erlangt man Erkenntnisse der höheren Welten?*, GA 10, Dornach ⁸2004, S. 213 und S. 214.

125 Rudolf Steiner, *Die Geheimnisse der Schwelle*, GA 147, Dornach ⁵1982.

126 Ebenda, 31. August 1913.

127 Ebenda, S. 138.

128 Ebenda, S. 141.

129 Das Menschen-Ich ist ein Keim, der, wie jeder andere Keim, zerfallen kann. Darauf verweist Rudolf Steiner in seinem Vortrag vom 6. August 1918 (GA 181, Dornach ³1991, S. 427) mit den Worten: «Im Menschen liegt der Keim für die Zukunft. Aber dieser Keim muss befruchtet werden durch den Christus Jesus. Wird er nicht befruchtet, so gestaltet er sich ahrimanisch, und die Erde kommt an ein wirres Ziel.»

130 Rudolf Steiner, *Drei Schritte der Anthroposophie (Kosmologie, Religion, Philosophie)*, GA 25, Dornach ⁴1999, S. 76.

131 Rudolf Steiner, *Die Philosophie, Kosmologie und Religion in der Anthroposophie*, GA 215, Dornach ²1980, Vortrag vom 14. September 1922, 1962, S. 154.

132 Ebenda, S. 156.

133 Rudolf Steiner, *Die Geheimnisse der Schwelle*, GA 147, Dornach ⁵1982, S. 138.

134 Rudolf Steiner, *Die Grundimpulse des weltgeschichtlichen Werdens der Menschheit*, GA 216, Dornach ³1988, 16. September 1922.

135 Rudolf Steiner, *Wie erlangt man Erkenntnisse der höheren Welten?*, GA 10, Dornach ⁸2004, S. 195.

136 Rudolf Steiner, *Die Grundimpulse des weltgeschichtlichen Werdens der Menschheit*, GA 216, Dornach ³1988, S. 13.

137 Rudolf Steiner, *Wie erlangt man Erkenntnisse der höheren Welten?*, GA 10, Dornach ⁸2004, S. 196.

138 Rudolf Steiner, *Die Grundimpulse des weltgeschichtlichen Werdens der Menschheit*, GA 216, Dornach ³1988, 16. September 1922, S. 21. «Geistkeim des physischen Leibes».

139 Rudolf Steiner, *Die Philosophie, Kosmologie und Religion in der Anthroposophie*, GA 215, Dornach ²1980, 15. September 1922, S. 177.

140 Rudolf Steiner, *Die Grundimpulse des weltgeschichtlichen Werdens der Menschheit*, GA 216, Dornach ³1988, Vortrag vom 17. September 1922, S. 39f.

140a Im Gesamtwerk Rudolf Steiners lassen sich nur wenige Hinweise finden auf den Menschen als vierte Hierarchie. In dem Zyklus über *Grundelemente der Esoterik* (GA 93a, Dornach ⁴2008), von dem nur Notizen vorliegen, wird am 8. Oktober 1905 die Lehre des Paulus-Schülers Dionysios Areopagita betrachtet, die dreimal drei Glieder der göttlichen Wesenheiten umfasst. Danach sind die höchsten drei die Seraphim, Cherubim und Throne; ihnen folgen die Herrschaften, Mächte und Gewalten während die Urkräfte oder Anfänge, Erzengel und Engel die dritte Stufe umfassen.

«Über den Seraphim stehen dann göttliche Wesenheiten von solcher Erhabenheit, dass das menschliche Fassungsvermögen nicht ausreicht, um sie zu begreifen. Nach der dritten Stufe folgt die vierte Hierarchie: Der Mensch als der zehnte der ganzen Reihe.» (S. 97f.)

Da auf der Vulkanstufe unserer Erde die zur vollen Entwicklung gelangten Menschen-Iche als Geistesmenschen, die auf der Venusstufe verbliebenen als Lebensgeist und die auf der Jupiterstufe zurückgebliebenen als Geistselbst erscheinen, gliedert sich die vierte Hierarchie ebenso in drei Wesenheitsstufen wie die von Dionysios dargestellten Hierarchien. Vielleicht darf das *Mysterium der vierten Hierarchie* dergestalt verstanden werden.

Über die vierte Hierarchie spricht Rudolf Steiner außerdem am 4. Januar 1924 (*Das Wesen der Farben*, GA 291) und am 5. Januar 1924 (*Mysterienstätten des Mittelalters*, GA 233a).

141 Rudolf Steiner, *Wie erlangt man Erkenntnisse der höheren Welten?*, GA 10, Dornach ⁸2004, S. 196.

142 Rudolf Steiner, *Inneres Wesen des Menschen und Leben zwischen Tod und neuer Geburt*, GA 153, Dornach ³1959, Vortrag vom 10. April 1908, S. 87f.

143 Rudolf Steiner, *Esoterische Betrachtung karmischer Zusammenhänge. Zweiter Band*, GA 236, Dornach ⁶1988, Vortrag vom 16. Mai 1924, S. 180.

144 Rudolf Steiner, *Die Geheimwissenschaft im Umriss*, GA 13, Dornach ³⁰1989, S. 413: «Während desselben (Venuszustandes) spaltet sich aus der Venus ein besonderer Weltenkörper heraus, der alles an Wesen enthält, was der Entwickelung widerstrebt hat, gleichsam ein ‹unverbesserlicher Mond›, der nun einer Entwickelung entgegengeht mit einem Charakter, wofür ein Ausdruck nicht möglich ist, weil er zu unähnlich ist allem, was der Mensch auf Erden erleben kann.»

145 Rudolf Steiner, *Die Geheimwissenschaft im Umriss*, GA 13, Dornach ³⁰1989, S. 413.

146 Ebenda, S. 412.

147 Rudolf Steiner, *Die Geheimwissenschaft im Umriss*, GA 13, Dornach [30]1989, S. 415f.

148 Rudolf Steiner, *Die Apokalypse des Johannes*, GA 104, Dornach [8]2006.

149 Rudolf Steiner, *Die Apokalypse des Johannes*, GA 104, Dornach [8]2006, Vortrag vom 25. Juni 1908, S. 161.

150 Rudolf Steiner, *Die Apokalypse des Johannes*, GA 104, Dornach [8]2006, Vortrag vom 25. Juni 1908, S. 163f.

151 Rudolf Steiner, *Wahrheit und Wissenschaft*, GA 3, Dornach [4]1958, S. 88.

152 Rudolf Steiner, *Dokumente zur «Philosophie der Freiheit»*, GA 4a, Dornach 1994, S. 201. Die Konsequenzen des Monismus, S. 239 der Erstausgabe 1894.

153 Aristoteles, *Hauptwerke*, Stuttgart-Degerloch 1968, S. 29.

154 Rudolf Steiner, *Dokumente zur «Philosophie der Freiheit»*, GA 4a, Dornach 1994, S. 142 bzw. S. 186 der Erstausgabe 1894.

155 Ebenda, S. 203 bzw. S. 241 der Erstausgabe 1894.

156 Rudolf Steiner, *Esoterische Betrachtung karmischer Zusammenhänge*. Dritter Band: Die karmischen Zusammenhänge der anthroposophischen Bewegung, GA 237, Dornach [6]1988, Vortrag vom 28. Juli 1924. – Rudolf Steiner gibt in diesem Vortrag einen Einblick in das Schicksal der kosmischen Intelligenz, die Michael seit dem 8., 9. Jahrhundert entsunken ist, damit sie zur «Eigenintelligenz der menschlichen Seele» werden konnte – «ausgesetzt im stärksten Maße den ahrimanischen Kräften. Denn in derselben Zeit, in der die Intelligenz vom Kosmos auf die Erde sank, wuchs immer mehr und mehr die Aspiration der ahrimanischen Mächte, diese kosmische Intelligenz, indem sie irdisch wurde, dem Michael zu entreißen, sie auf der Erde allein, Michael-frei, geltend zu machen.

Das war die große Krisis vom Beginn des 15. Jahrhunderts bis heute, die Krisis, in der wir noch drinnenstehen, die Krisis, die sich ausdrückt als der Kampf Ahrimans gegen Michael: Ahriman, der alles aufwendet, um streitig zu machen dem Michael die Herrschaft über die Intelligenz, die jetzt irdisch geworden war – Michael, der sich bemüht, mit allen Impulsen, die er hat, nun, nachdem ihm die Herrschaft über die Intelligenz entfallen war, sie wiederum beim Beginne seiner irdischen Herrschaft vom Jahre 1879 an auf der Erde zu ergreifen.» (S. 113-114)

Michael-frei wurde die kosmische Intelligenz im ersten Drittel des 15. Jahrhunderts durch eine gewaltige Tat der Seraphim, Cherubim und Throne, der «Angehörigen der höchsten, der ersten Hierarchie», die zuletzt in der atlantischen

Zeit in die Menschheitsentwicklung eingegriffen hatten, als durch ihr Wirken die kosmische Intelligenz «von den menschlichen Herzen Besitz ergriffen hatte», dabei aber noch kosmisch geblieben war. Am Beginn des 15. Jahrhunderts leiteten die Seraphim, Cherubim und Throne die kosmische Intelligenz über in die Nerven-Sinnesorganisation, in die Kopforganisation. «Der Mensch war vorher ein Herzensmensch. Der Mensch ist nachher ein Kopfmensch geworden. Die Intelligenz wird seine Eigenintelligenz.» (S. 116).

Stirners Michael-freies Erleben seines Ich und Steiners Ich-Erfahrung, die vom neuen michaelischen Denk-Willen durchfeuert war, scheinen auf den ersten Blick identisch, sind aber diametral entgegengesetzt.

Indem die erste Hierarchie den Menschen zum Kopfmenschen machte, legte sie den Keim des freien Menschentums, den *Keim der zehnten Hierarchie* in die Todessphäre der Erde, mit der sich der Christus zuvor verbunden hatte, damit der Mensch den ahrimanischen Todesmächten nicht verfallen *muss*, sondern sich *als freies Geistwesen* mit der keimenden Zukunfts-Erde verbinden kann, mit der Heilkraft des Sohnes.

157 Rudolf Steiner, *Anthroposophische Leitsätze*, GA 26, Dornach 1962, S. 216f.

158 Ebenda, S. 217.

159 Rudolf Steiner, *Mein Lebensgang*, GA 28, Dornach 1953, S. 372.

160 Rudolf Steiner, *Anthroposophische Leitsätze*, GA 26, Dornach 1962, S. 206.

161 *Seneca*, Goldmann Klassiker, Band KL 131, S. 148. Ins Deutsche übertragen und eingeführt von H. M. Endres, S. 148. – 1. Jahrhundert n. Chr.

162 Marc Aurel, *Selbstbetrachtungen*, [13] 2008, S. 51.

163 Rudolf Steiner, *Die Apokalypse des Johannes*, GA 104, Dornach [8] 2006, Vortrag vom 26. Juni 1908, S. 179.

164 Ebenda, Vortrag vom 24. Juni 1908, S. 145.

165 Rudolf Steiner, *Anthroposophische Leitsätze*, GA 26, Dornach 1962, S. 185.

166 Matthäus 13, 37-39.

167 Rudolf Steiner, *Die Philosophie, Kosmologie und Religion in der Anthroposophie*, GA 215, 14. September 1922, S. 154.

168 Rudolf Steiner, *Mein Lebensgang*, GA 28, Dornach 1953, S. 366.

169 Rudolf Steiner, *Anthroposophische Leitsätze*, GA 26, Dornach 1962, S. 111.

170 Ebenda, S. 252.

171 Rudolf Steiner, *Einleitungen zu Goethes Naturwissenschaftlichen Schriften*, GA 1a, Dornach [3] 1949, S. LXXIII. Steiner schreibt in der Einleitung zu «Goethes Naturwissenschaftlichen Schriften»: «Wie jeder neu aufgefundene

Planet nach Keplers Gesetzen um seinen Fixstern kreisen muss, so muss jeder Vorgang in der organischen Natur nach Goethes Ideen geschehen. Lange vor Kepler und Kopernikus sah man die Vorgänge am gestirnten Himmel, diese fanden erst die Gesetze, lange vor Goethe beobachtete man das organische Naturreich, Goethe fand dessen Gesetze. *Goethe ist der Kopernikus und Kepler der organischen Welt.*»

172 Rudolf Steiner, *Anthroposophische Leitsätze*, GA 26, S. 197-201.

Im Januar 1925 richtete sich Rudolf Steiner mit einem Brief an die Mitglieder, in dem er fragte: «Was ist die Erde in Wirklichkeit im Makrokosmos?» In diesem Brief verweist Steiner auf die Bedeutung des Irdischen für den Menschen: er hat sein Selbstbewusstsein von den Kräften der Erde. Indem der Makrokosmos «immer mehr in die Sphäre des Berechenbaren» eintritt, «erstirbt er allmählich». «In der kosmischen Gegenwart besteht ein erstorbener Makrokosmos.» Aber es besteht ein «*Überschuss*» an «*Keimkraft*». «Die Pflanzen enthalten *mehr* Keimkraft, als sie für Blätter-, Blüten- und Fruchtwachstum verbrauchen. Dieser Überschuss an Keimkraft strömt vor dem schauenden Bewusstsein hinaus in den außerirdischen Makrokosmos.» Gleiches geschieht mit den überschüssigen Kräften vom Mineralreich. «Es wird unter dem Einfluss der Mineralkräfte aus den Pflanzenkräften ein neugestaltetes Bild des Makrokosmos.» (S. 198).

Dem Leser dieser Schrift sei angeraten, diesen Brief in seiner Ganzheit meditativ zu erleben. Er wird dann – vielleicht durch Jahrzehnte – vertieft erleben, wie aus dem «Staubkorn» Erde ein neuer Makrokosmos ersteht, «indem der alte erstorbene zerfällt.» Und er wird gewahr, wie der Mensch mit seinen Denk-, seinen Gefühls- und Willenskräften in das makrokosmische Mysterium verwoben ist.

«Das Leben alles Irdischen wird durchsichtig, wenn man auf seinem Grunde den Weltenkeim empfindet. Jede Pflanzenform, jeder Stein, sie erscheinen in der Menschenseele in einem neuen Lichte, wenn diese gewahr wird, wie jedes dieser Wesen durch sein Leben, durch seine Gestalt beiträgt, dass die Erde als Einheit der Embryonal-Keim eines neu auflebenden Makrokosmos ist.» (S. 200).

Im 154. und 155. Leitsatz wird anschaubar, wie der Mensch mit seinen Gedankenkräften teilnimmt an dem erstorbenen, «mit seinen ihm ihrem Wesen nach verborgenen Willenskräften an dem als Erdenwesen keimenden, neu auflebenden Makrokosmos». (S. 201).

173 Rudolf Steiner, *Die Geheimwissenschaft im Umriss*, GA 13, Dornach [30]1989, S. 78.

174 Rudolf Steiner, *Aus der Akasha-Chronik*, GA 11, , Dornach ⁶1986, Das Leben der
Erde, S. 196-212.

Steiner verweist hier auf *zwei Menschenursprünge*. In der Saturnzeit wurde von
den Geistern des Willens, den Thronen, der physische Leib und der Geistesmensch keimgelegt. In der Sonnenzeit der Erde gestalteten die Kyriotetes, die
Geister der Weisheit, den Ätherleib und die Cherubim den Lebensgeist. Während der folgenden Entwicklungsstufe wurde der Astralleib von den Dynamis,
den Geistern der Bewegung, und das Geistselbst von den Seraphim erbildet.
«Es sind also eigentlich während dieser drei großen Kreisläufe zweierlei Menschenursprünge entstanden: ein niederer Mensch, bestehend aus physischem
Leib, Ätherleib, Astralleib, und ein höherer Mensch, bestehend aus Geistesmensch (Atma), Lebensgeist (Buddhi) und Geistselbst (Manas). Die niedere
und die höhere Menschennatur gingen zunächst getrennte Wege.

Die Erdenentwickelung ist dazu da, die beiden getrennten «Menschenursprünge zusammenzuführen.» (S. 197f.).

Der siebengliedrige Mensch birgt in sich die sieben Entwicklungsstufen vom
Saturn bis zum Vulkan. Indem auf der Erde das kosmische ICH sich im Jesus von
Nazareth verkörperte, wurde das in der Siebengliedrigkeit verborgene ureine
Wesen vom Zentrum aus offenbar. Ist doch der *Evolutionsweg* vom Jupiter zum
Vulkan gleichzeitig ein Heimweg zu dem in der Siebenheit sich offenbarend-
verbergenden All-Einen, der Trinität.

Wie auch die *Bewusstseinsstufen* der Imagination, der Inspiration und Intuition das Traum-, Tiefschlaf- und Trancebewusstsein, aus dem Ichzentrum heraus
umgewandelt, auf erhöhter Stufe zurückgewinnen.

Mit einem Wort: Die Evolution ist das größte Kunstwerk.

175 Rudolf Steiner, *Aus der Akasha-Forschung. Das Fünfte Evangelium*, GA 148,
Dornach ⁵1992, S. 23f.

176 Ebenda, 2. Vortrag vom 2. Oktober 1913, *Aus der Akasha-Forschung*, S. 33.

177 Rudolf Steiner, *Die Apokalypse des Johannes*, GA 104, Dornach ⁸2006, S. 180.

Ewald Koepke

Rudolf Steiner und das Gralsmysterium

Der Prüfungsweg des Parzival
122 Seiten, Leinen mit Schutzumschlag

Ewald Koepke schildert die inneren Zusammenhänge der Anthroposophie Rudolf Steiners mit der in der Gralssuche Parzivals aufkeimenden neuen Kultur der Frage.

«Das Buch bietet genügend Anlässe zu fragendem, vertiefendem Nacharbeiten und es könnte aus bewusst geübter Fragekultur heraus die Bemühungen auf dem Feld der Bewältigung ungelöster anthroposophischer Probleme im besten Sinne bestärken.»
Klaus J. Bracker, Die Drei

«Als ich das Buch aus der Hand legte, stellte sich im Nachklang eine Intuition ein, die sich folgendermaßen formulieren lässt: Rudolf Steiner will Mitarbeiter, keine ‹Jünger›. Ewald Koepkes Buch scheint mir ein gezielter Wink in diese Richtung zu sein.»
János Darvas, Das Goetheanum

VERLAG FREIES GEISTESLEBEN

Ewald Koepke

Die Heilung des Amfortas

Eine Aufgabe der Zukunft
119 Seiten, Leinen mit Schutzumschlag

Ewald Koepke greift die Hinweise der Geisteswissenschaft Rudolf Steiners auf, dass es «nicht uneigentlich gesprochen, sondern ganz eigentlich gesprochen» ist, «dass der Mensch, um die Freiheit zu erringen, durch die Verwundung des Amfortas gehen muss, damit er auch den Parzival kennenlernen kann». Wenn der Mensch heute den Weg Parzivals nachgehen möchte, den Weg zum Gral, zum Leben spendenden schöpferischen Urgrund des Seins, muss er auch den verwundeten Amfortas in sich erkennen und ihm zur Genesung verhelfen. – Ewald Koepke erkundet eine dringende und wesentliche Aufgabe der Zukunft und der Gegenwart.

VERLAG FREIES GEISTESLEBEN

Ewald Koepke

Rudolf Steiner und die Kunst der Zukunft

Zehn aphoristische Betrachtungen
320 Seiten mit 170 farbigen Abbildungen, Leinen mit Schutzumschlag

In seinen Betrachtungen entwirft Ewald Koepke ein Bild über die Bedeutung der Kunst der Moderne und Postmoderne für eine Kunst der Zukunft. Dabei hebt er den Stellenwert der anthroposophischen Geisteswissenschaft hervor, aus der die verlorengegangene, ursprüngliche Einheit von Religion, Kunst und Wissenschaft wieder gewonnen werden kann.

«Und so wurde mir zunehmend bewusst, dass Anthroposophie in keinem Fall eine Wiederbelebung der Vergangenheit sein kann, selbst nicht all dessen, was ich in Raffael und Dürer, in Goethe und Schiller, in Händel und Beethoven, kurz in allem erhabenen Künstlertum der Vergangenheit so über alles verehrt hatte – und fort und fort verehren werde.»

Ewald Koepke

VERLAG FREIES GEISTESLEBEN

Ewald Koepke

Der neue Yoga-Wille

Von der Naturerkenntnis zur Geisterkenntnis
197 Seiten, Leinen mit Schutzumschlag

Durch das alte Yoga versuchte einst der Mensch, sich aus der Verstrickung mit der vergänglichen Sinneswelt zu befreien. Ewald Koepke schildert, wie in der Anthroposophie Rudolf Steiners ein neues Yoga begründet und entwickelt wird, das den Geist in aller Sinneserscheinung entdecken möchte. So wird der Mensch dem Leben auf der Erde einen neuen Sinn verleihen können.

«Wir müssen fühlen lernen, wie durch unsere Augen unser Wille wirkt, und wie in der Tat die Aktivität der Sinne leise sich hineinmischt in die Passivität, wodurch sich Weltgedanken mit Menschheitswille kreuzen. Diesen neuen Yoga-Willen, den müssen wir entwickeln.»

Rudolf Steiner

VERLAG FREIES GEISTESLEBEN

Ewald Koepke

Goethe, Schiller und die Anthroposophie

Das Geheimnis der Ergänzung
460 Seiten, Leinen mit Schutzumschlag

Das Verhältnis zwischen Goethe und Schiller war in den ersten Jahren ihrer Bekanntschaft keineswegs freundschaftlich, sondern von einem tiefen Abgrund bestimmt. Erst als trotz aller polaren Gegensätzlichkeit der Freundschaftsbund geschlossen wurde, kam es zu jenem Zusammenwirken, welches das Schaffen beider beflügelte und steigerte.

Ewald Koepke stellt das, was sich an der Wende vom 18. zum 19. Jahrhundert zwischen den beiden so bedeutenden Persönlichkeiten abspielte, in einen großen weltgeschichtlichen Zusammenhang.

«Ein monumentales Buch ... Ein echtes Arbeitsbuch voller Anregungen und Querverbindungen sowie Auslotungen der Anthroposophie überhaupt.»

Gerold Aregger, Gegenwart

VERLAG FREIES GEISTESLEBEN